中国工程科技论坛

中国法医科学发展战略

ZHONGGUO FAYIKEXUE FAZHAN ZHANLUE

高等教育出版社·北京

内容提要

法医学是将医学和其他自然科学的理论和技术应用于刑事侦查、司法鉴定及立法的一门应用学科。随着新技术、新理论、新方法的日新月异，人们对法医学的证据效能寄予了更高的期望，希望其能更多地解决案件侦查和审判中所涉及的科学技术问题。因此，建立有中国特色的法医科学体系，研究立法、司法及社会管理中的法医学理论及技术应用，从而提出战略性的科学研究规划，是我国法医科学发展所面临的紧迫任务。为此，中国工程院第220场中国工程科技论坛以“中国法医科学发展战略研究”为主题，结合我国法医学发展的现状及国际发展趋势，凝练和提出了我国在法医学基础性科学研究领域急需关注和解决的重要前沿科学问题，并提出了对法医学“十三五”期间基础科学研究的建议。本书精选了10多位法医学界知名专家在该论坛上做的报告，代表了本次论坛的高层次水平。

本书是中国工程院“中国工程科技论坛丛书”之一，可供从事法医学研究的专业技术人员和法医学领域管理人员参考，也可作为法医学专业本科生和研究生的参考书。

图书在版编目(CIP)数据

中国法医科学发展战略 / 中国工程院编著. -- 北京 : 高等教育出版社，2018.1

(中国工程科技论坛)

ISBN 978-7-04-048967-5

Ⅰ. ①中… Ⅱ. ①中… Ⅲ. ①法医学-研究-中国 Ⅳ. ①D919

中国版本图书馆 CIP 数据核字(2017)第 279454 号

策划编辑 黄慧靖　责任编辑 朱丽虹　封面设计 顾 斌

责任校对 高 歌　责任印制 田 甜

出版发行	高等教育出版社	咨询电话	400-810-0598
社　　址	北京市西城区德外大街4号	网　　址	http://www.hep.edu.cn
邮政编码	100120		http://www.hep.com.cn
印　　刷	北京人卫印刷厂	网上订购	http://www.hepmall.com.cn
			http://www.hepmall.com
开　　本	787mm×1092mm 1/16		http://www.hepmall.cn
印　　张	6.75	版　　次	2018年1月第1版
字　　数	120千字	印　　次	2018年1月第1次印刷
购书热线	010-58581118	定　　价	60.00元

本书如有缺页、倒页、脱页等质量问题，请到所购图书销售部门联系调换

物 料 号　48967-00

编辑委员会

目　　录

第一部分　综述

第二部分　主题报告

第一部分

综　述

综　述

一、论坛背景

2015年12月11—13日,由中国工程院主办,中国工程院医药卫生学部、河北医科大学、河北省法医学会等承办的中国工程院第220场中国工程科技论坛在河北石家庄召开。中国法医学会副理事长、中国工程院院士丛斌担任论坛主席。

论坛结合我国法医学发展的现状,探讨了我国法医学发展的战略规划。公安部物证鉴定中心刘耀院士、河北医科大学李春岩院士、河北省中西医结合医药研究院院长吴以岭院士、四川大学华西基础医学与法医学院院长侯一平教授、中国医科大学法医学院院长官大威教授、复旦大学基础医学院法医学系主任沈忆文副教授、西安交通大学医学院法医学系主任李生斌教授、中山大学中山医学院法医学系主任赵虎教授、中国政法大学证据科学研究院院长常林教授、华中科技大学同济医学院法医学系主任黄代新教授、山西医科大学法医学院院长王英元教授、苏州大学医学部法医学系主任陶陆阳教授、重庆医科大学副校长万立华教授、河南科技大学法医学院院长莫耀南教授、中南大学基础医学院法医学系主任蔡继峰教授、国家自然科学基金委员会医学科学部李恩中处长、中国工程院三局李仁涵局长、中国工程院医药卫生学部办公室李冬梅主任和赵西路博士,以及来自国内的20余家高校、科研单位的120多名代表出席了论坛。

本次论坛专家、学者云集,是我国法医学界最高级别的高峰论坛。中国工程院丛斌院士讲话指出,中国工程科技论坛已成为中国工程院最具学术影响力的品牌活动,对于中国工程科技的发展及青年专家的培养起到了良好的推动作用。法医学是以证据法学为指导,研究并解决与法律有关的人身伤害、死亡、身份认定等有关的医学问题,为刑事侦查提供线索、为审判提供证据的医学学科,是医学与法学相结合的交叉学科。正是这种特点,决定了法医科学在建设社会主义法治国家的过程中发挥着不可替代的作用,同时法医科学的发展也面临着经济、社会发展所带来的各种新挑战。因此,召开本次论坛具有十分重要的战略意义和现实意义。

二、论坛成果总结

1. 提出了我国法医科学战略发展的新思路和目标

在大会报告中,丛斌院士做了题为“中国法医科学发展战略研究”的报告,对法医科学发展的时代背景、我国法医学面临的诸多问题和挑战进行了深刻的阐述，并指出，我们应该站在推动中国法医科学发展、维护国家和社会公共安全、服务全面依法治国的战略高度，围绕公正司法和国家战略需求，瞄准国际前沿，用系统论的方法，在法医科学的高等教育、学科设置、专业队伍建设、相关法律制度制定、司法鉴定管理及布局、立法应用、技术应用、技术规程制定等方面确定发展思路及目标。

大会还安排了5个报告，分别论述法医学相关专业发展的现状和建议，侯一平教授、常林教授、廖林川教授、赵虎教授、陶陆阳教授分别做了题为"'十三五'规划法医学科建议""依法治国背景下的法医病理鉴定问题""法医毒物学领域研究热点及展望""精神损伤机制研究与司法鉴定"和"多模态理论在法医活体鉴定中的应用及展望"的报告。上述报告指出，加强法医学的学科建设是依法治国、维护社会稳定的政治责任，提高我国法医学综合研究能力是构建和谐社会的必然要求，提升法医学的学科水平是科学技术快速发展的新要求。在诉讼、仲裁、公证、调解等纠纷解决机制中，把社会问题转化为法律问题，把法律问题转化为技术问题，通过技术手段解决矛盾纠纷，法医学鉴定发挥着重要作用。但法医学各个研究领域，均存在诸多的问题和难题。例如，我国存在的尸体解剖率低，死因诊断混乱，学科发展异化、退化等法医病理鉴定问题，严重制约着我国司法鉴定制度的改革以及司法鉴定统一管理制度的发展；此外，尚存在缺乏毒（药）物鉴定标准的难题，精神损害鉴定的难题，活体鉴定中视觉功能障碍、神经功能障碍鉴定的难题。针对上述问题，报告人均提出了合理且具可行性的建议，为解决上述问题提供了新的理念和解决途径。

2. 提出了损伤时间、死亡时间推断的新理念、新技术

论坛针对目前损伤、死亡时间推断的国际难题进行了专题讨论，官大威教授、沈忆文副教授、王振原教授、莫耀南教授、彭谨副教授分别做了题为"损伤时间推断研究进展""代谢组学在死亡时间推断的应用""死亡时间推断研究进展与未来策略""'转化法医学'——食品货架期预测在法医死亡时间推断中的研究""系统生物学和大数据视角下的创伤后分子网络扰动"的报告。报告指出，目前我国在损伤时间的推断上与国际先进水平还有一定的距离，由基础研究转化到实践应用还很少，建议对现有国内外损伤时间推断相关研究中所应用的各种指标，按照器官组织类型、损伤类型以及所检测的指标类型等分类汇总，进行大数据分析，筛选出随时间变化显著、灵敏度高、稳定性好的指标；应用代谢组学的技术方法，以多变量、多参数方式构建数学模型，减少各种影响因素引起的误差；通过高通量分析化学技术手段的检测，结合大数据时代新出现的一些更复杂的模式判别技术，与死亡时间建立对应关系；还应探索便于操作、价格低廉、易于普及

的现场设备。上述报告为损伤、死亡时间推断研究提供了新思路和方法。

3. 促进了法医学界各高校、科研院所的合作交流、协同创新

在会议期间，同时召开了中国工程院重点咨询项目“中国法医科学发展战略研究”项目动员会，法医学界高校和科研院所踊跃参与，期望通过发挥各自的优势，协作攻关，共谋法医学未来的发展前景。通过此次论坛，相关的高校和科研院所加深了彼此之间的了解。此次论坛的召开，也为各高校与科研院所开展进一步的深度合作搭建了一个很好的平台。

4. 扩大了中国工程科技论坛的影响

中国工程科技论坛是我国工程科技交流的重要平台。在中国工程院的支持下，本次论坛通过分析中国法医科学发展的战略目标及我国与国外所存在的差距，基本确定了我国法医科学发展的目标，也激发了参会的法医学工作者的热情。同时，参会者也认识到了中国工程科技论坛对推动我国科技发展的重要性，希望以后多参与此类的科技活动。

第二部分

主 题 报 告

中国法医科学发展战略研究

丛 斌 刘 耀

河北医科大学法医学系

摘要：法医学是以证据法学为指导，研究并解决与法律有关的人身伤害、死亡、身份认定等有关的医学问题，为刑事侦查提供线索，为审判提供证据的医学学科，是医学与法学相结合的交叉学科。正是这种特点，决定了法医科学在建设社会主义法治国家的过程中发挥着不可替代的作用，同时法医科学的发展也面临着经济、社会发展所带来的各种新挑战。为此，法医学界应该从学科发展现状和国家需求、束缚我国法医科学发展的关键之处、我国法医学战略发展思路以及技术研发方向等方面深刻思考，探求适合我国现状的法医科学发展之路。并运用系统论的思维及社会统计学的方法进行宽领域、高层次的跨学科研究，为我国法医科学的可持续发展打下坚实的基础。

关键词：法医学；战略发展；系统论

一、引言

法医科学主要是应用医学、生物学及其他自然科学的理论与技术，研究并解决司法实践中遇到的相关问题，并为有关的法律法规的制定提供科学依据。因此，法医科学是医学与法学的交叉学科，其在国家法治建设中的价值及社会管理中的功效日趋显著。法医科学的实践任务是把法医科学与其他自然科学的理论和技术应用于刑事侦查、司法鉴定及立法。随着新技术、新理论、新方法的日新月异，人们对法医科学的证据效能也寄予了更高的期望，希望其能更多地解决案件侦查和审判中所涉及的科学技术问题。法医科学在推进全面依法治国、建设社会主义法治国家中发挥着重要的作用，法医科学如何发展，值得所有法医人深刻思考。

二、法医科学发展的时代背景

（一）法医科学在推进全面依法治国、建设社会主义法治国家中的作用

法医科学主要是应用医学、生物学及其他自然科学的理论与技术，研究并解

决司法实践中遇到的相关问题,并为有关的法律法规的制定提供科学的依据。这使得法医学在法学和医学体系中的地位出现了根本性变化,它既是医学学科中的重要门类,也是证据法学的重要支撑学科。法医学的理论和技术已被科技界与社会普遍接受和认同,具有自然科学兼社会科学的属性。

中国共产党十八届四中全会(下称"四中全会")提出了全面推进依法治国的总目标。随着依法治国理念的日益深入,人民群众对法治的要求也越来越高,维权意识日趋强烈。理论与实践证明:法医科学的建设和发展,与四中全会通过的《中共中央关于全面推进依法治国若干重大问题的决定》提出的"科学立法、严格执法、公正司法、全民守法"的实现具有密切的关联性。不同于社会医疗服务工作,法医科学在社会的各个层面都发挥着特有的作用。除了服务于案件侦办、诉讼和审判外,法医科学在重大灾害、群体性死亡事件、医疗损害、工伤评定、人寿保险、伤残等级评定、亲缘关系鉴定、遗产纠纷等司法实践和社会管理领域提供了越来越多的技术支持,在一些影响社会稳定、引起媒体高度关注的事件中发挥了重要作用。如"东方之星"沉船事故、上海复旦大学投毒案,尽管在各方力量的共同努力下,这些案、事件都得到了妥善解决,但在事后的总结、反思中不难发现,在社会公共安全危机处置中亟需引入法医科学的技术手段,建立法医工作机制,只有这样才能科学、及时、有效地处置事件,查明案件真相。

随着法学和医学的发展,现代法医科学的发展呈现两大趋势:一是法医学专业的辐射范围不断扩大,具体表现为:由尸体法医学辐射到活体法医学,由法医学参与诉讼辐射到法医学参与立法和社会管理。二是法医学专业的范围在不断扩大,分支学科越来越多,鉴定技术越来越专业化、精细化。社会管理和公共安全领域的立法、暴恐案件、刑事案件、民事案件、行政案件、灾害事故等66个事项的处置,需要法医科学提供技术支持(表1)。

表1 法医科学涉及的公共事项

领域	工作事项(66项)
暴　恐 (爆炸、纵火、暴乱)	①尸体检验;②死者身份识别;③在案件中角色的判定;④生物恐怖袭击;⑤化学恐怖袭击;⑥暴恐分子身源确定;⑦恐怖分子使用武器确定
刑事案件	①杀人;②伤害;③强奸;④非法行医;⑤非法输血;⑥医疗事故;⑦投毒;⑧贩毒;⑨制毒;⑩吸毒;⑪拐卖妇女儿童;⑫虐待;⑬酒驾;⑭交通肇事;⑮刑事责任能力认定;⑯假冒伪劣商品罪;⑰食品安全犯罪;⑱制售假药罪;⑲人身损害赔偿

续表

领域	工作事项(66 项)
民事案件	①财产继承;②离婚;③抚养关系;④医疗纠纷;⑤精神损害赔偿;⑥保险理赔;⑦交通事故;⑧人身损害赔偿;⑨亲缘关系认定;⑩民事行为能力认定
行政案件	①食物中毒;②医疗纠纷;③工伤;④伤残等级评定;⑤职业病;⑥食品安全行政处罚;⑦环境污染损害处罚;⑧身份认定
立法	①刑法;②民法;③行政法;④刑事诉讼法;⑤民事诉讼法;⑥行政诉讼法;⑦证据法;⑧司法鉴定法;⑨环保法;⑩精神卫生法;⑪卫生法;⑫保险法;⑬产品质量法;⑭食品安全法
灾难事故	①火灾;②水灾;③地震;④空难;⑤矿难;⑥战争;⑦爆炸;⑧交通事故灾害

(二)我国法医学面临众多挑战

1. 学科定位须上层次

法医科学随着国家法治建设需求的增加,已发展、分化形成了 10 个分支学科,形成了独具特色的学科体系。然而,目前在高等医学院校学科专业设置上,法医学科却归属于基础医学中的二级学科,法医的研究生招生规划要从属于基础医学学科。1983 年由教育部联合卫生部、公安部、司法部、最高人民法院、最高人民检察院在高等医学院校创办了法医学专业,当时国家颁布的《普通高等学校本科专业目录》中,法医学、基础医学、临床医学被分列为一级学科。2007 年教育部按照一级学科设立的高等学校医药学科(专业)教学指导委员会专门有法医学专业教学指导委员会,一直延续至今,在法医教学方面发挥着全国性的重要指导作用。事实上,法医科学更接近临床医学的教学模式,要求学生在掌握基本理论知识的基础上,更要注重实际操作、检案能力的训练、提高,成为能熟练运用法医专业技能完成检案任务的合格法医。因此,从我国实际需求出发,法医学科应提升为一级学科。

2. 专业发展须有长远规划

由于现阶段法医学专业科研人力、物力的缺乏等原因,法医科研滞后于实践需求;另一方面,法医学对医学、生物学等其他自然学科的先进科研成果的借鉴和运用也显不足。理论上,法医学科设置和专业发展始终应伴随刑事侦查和审判的需要,伴随社会管理和人口分布密度的需要。但实际情况并非如此,法医人才培养尚存在很大的地域局限性。在法医学科发展上，应依据国家总体战略布局和人口分布状况，设置法医学科专业，制定学科发展长远规划。

3. 科研水平亟待提高

在国家层面，针对法医学重大科学问题立项的科研项目较少，而长期跟踪某个方向进行系统研究的科研课题更是微乎其微；对发达国家正竞相研究的若干重点方向和法医学领域的热点问题涉猎也不多。另外，科研主题脱离专业发展需求的趋势愈加明显，部分法医学科研工作者为迎合科技成果的产出和奖励评价指标，主动或被动地转向非法医学专业的医学研究，浪费了有限的科研资源，科研方向未能立足行业需求，法医学科研基础被弱化。从衡量论文质量的引用率来看，我国法医学研究还存在基础研究成果少、以模仿跟踪居多而创新突破少、关键领域的原创研究能力欠缺等不足之处；拥有的发明专利技术数量太少且质量差。科研投入与产出不成比例，成果转化差、实际应用可行性小，未得到预期的产出。我国法医学科研还没有建立能达到世界先进水准的国家级创新平台（如国家重点实验室等），学科专业不能很好地承担起人才聚集、项目申报、资源共享、优势集成和科技产业化的功能，无法实现对全面提升科技创新实力应产生的巨大推动作用。

除此以外，创新平台的建设、提高司法鉴定设置及管理的科学化水平、提高社会公共安全危机处置的系统性及精细化程度、设立专家型人才培养模式等，都是我国法医科学发展中亟待完善的问题。

三、法医科学发展战略研究内容

1. 中国法医科学发展现状及国家需求性研究

掌握中国法医学专业发展现状及国家对其需求状况是提出法医科学发展战略的基础。从高等教育、学科设置、科学研究、人才队伍建设、司法鉴定、鉴定意见的采信率、司法及立法需求、反恐防暴及灾难处置、相关法律制度建设等方面，按照统计学的设计要求，在全国范围内进行数据、信息采集、挖掘和处理分析，得出结论。

2. 与发达国家进行比较研究，结合国内需求，找出影响我国法医科学可持续发展之关键问题，并做原因分析

从高等教育、学科设置、科学研究、人才队伍建设、司法鉴定、鉴定意见的采信率、司法及立法需求、反恐防暴及灾难处置、相关法律制度等方面，全方位，大视野系统分析、比较发达国家与我国在上述各方面的优与劣，找出我国存在的关键问题并做原因分析。

3. 提出我国法医科学战略发展思路及目标

站在推动中国法医科学发展、维护国家和社会公共安全、服务全面依法治国的战略高度，围绕公正司法和国家战略需求，瞄准国际前沿，用系统论的方法，在法医科学的高等教育、学科设置、专业队伍建设、相关法律制度制定、司法鉴定管理及布局、立法应用、技术应用、技术规程制定等方面确定发展思路及目标。

4. 确立我国法医科学技术研发战略方向

针对国内外犯罪方法的不断发展变化，经充分研究论证，法医科学技术可以优先从以下 8 个方向进行战略性研究：

(1) 法医病理损伤、死因鉴定检验；

(2) 法医临床学检验鉴定；

(3) 成瘾机制及干预(包括药物、网络等各类成瘾)；

(4) 法医分子遗传检验技术体系；

(5) 新毒物中毒机制及检验；

(6) 法医精神病学鉴定；

(7) 环境致人身损害的法医学鉴定；

(8) 法医转化医学科研方法学。

四、法医科学战略研究的方法和特点

第一，社会统计学的方法。包括调查问卷、现场走访(可以到国外走访，也可以到国内其他的法医机构走访)、召开座谈会、文献研究、数据挖掘，以及开展学术交流和统计学分析。运用社会统计学的方法，而非简单运用一般的卫生统计学方法，对于战略性研究至关重要。

第二，系统论的方法。法医学的教育、科学研究、人才队伍建设以及实践检案这四者之间不是互相分割的，而是有相当紧密的内在联系。发现它们之间的内在联系，提出系统性方案，整体进行推进。

第三，宽领域、高层次。高等教育、学科设置、科学研究、人才队伍建设、司法鉴定、反恐防暴、灾难处理以及立法等这些方面均应得到触及。

第四，多学科整合。以法医学的主干学科为支撑，辐射所有的法医学分支学科，实现完整体系化的研究。

总之，法医科学战略发展不仅关乎整个法医界的发展方向，而且关系到学科进步和国家法制建设，我们将通过系统研究，形成“中国法医科学发展战略研究报告”，为确立法医科学发展战略提供数据和理论依据。

丛 斌 博士，博士生导师，教授，我国著名法医学家，中国工程院院士。1994 年赴日本做访问学者。现为河北医科大学副校长、法医学系主任，国家法医学重点培育学科及河北省法医学重点学科带头人，河北省法医学重点实验室主任，《法医学》国家级精品课程及精品视频公开课负责人。兼任中国法医学会副会长，中国刑事科学技术协会副理事长，中国病理生理学会常务理事，中国法医学高等教育研究会副理事长，教育部高等学校医学教学指导委员会副主任委员，河北省法医学会理事长，《中国法医学杂志》副主编，全国人大法律委员会副主任委员，九三学社中央副主席。

丛斌院士从事法医学教学、科研、检案工作 34 年。迄今获国家科技进步奖一等奖 1 项、二等奖 2 项，河北省科技进步奖一等奖 3 项、二等奖 4 项；主持国家及省部级科研课题 40 余项，其中国家自然科学基金课题 8 项。发表学术论文 370 余篇，其中 SCI 收录 84 篇；主编《实用法医学》等专著和教材 7 部。培养博士后 4 名、博士生 40 名、硕士生 85 名。是全国优秀科技工作者、河北省教学名师、省管优秀专家，享受国务院政府特殊津贴。

丛斌院士具有丰富的检案经验，纠正过数起震惊全国的大要案。

“十三五”规划法医学科建议

侯一平

四川大学华西基础医学与法医学院

摘要:法医学是研究和解决法律及其实施中涉及医学问题的科学。基于法律需要产生的法医学,为侦查犯罪提供线索,为审理刑事和民事等案件提供医学证据,为法律法规的制定提供医学资料。本课题的目的在于法医学基础性科学研究的战略规划。战略规划涉及识别法医学领域的挑战与机遇。根据法医学科的特点,我们报告法医学科国际研究的前沿和发展趋势,凝练和提出我国在法医学基础性科学研究领域急需关注和解决的重要前沿科学问题,提出对法医学“十三五”期间基础科学研究的建议。

关键词:法医学;“十三五”规划;科学研究

一、引言

在国家自然科学基金委员会医学部的支持下,法医学专家组做了一年的调研,以期向国家提出对法医学“十三五”期间基础科学研究的建议。本汇报包括4个方面:①学科自身的发展规律与特色;②“十三五”期间法医学科的前沿热点领域和水平;③国家对法医学科的重大需求;④法医学科应重点发展的前沿领域。以上这些主要是向国家自然科学基金委员会(以下简称“基金委”)提出的学科建议,主要侧重于科学研究。

二、学科自身的发展规律与特色

这是第一次做学科自身发展规律研究。基金委每5年有一个总结,对国家原创性的科学研究做一个归纳和整理。遗憾的是在过去的几十年,我国对于法医学科并没有一个完整的统计、整理。基金委在学科评估报告中是按照一级学科来评估法医学的。那时,有两个学科隐含有法医学内容:一个是基础医学,因为我国基础医学分类中含有法医学及其数据;另外一个是特种医学,含有法医学数据。所幸的是,近几年基金委非常重视法医学。这次为“十三五”规划做准备时,专门成立了一个法医学专家组,这是多年来第一次由基金委牵头成立的法医学专家组。下面是以前没有把法医学单独列出来时的数据。

在我国的医学学科中最接近世界前沿的，一个是药学，一个是基础医学。而其他医学学科在原创性的论文方面距离世界前沿还相当远，包括公共卫生和临床医学。在过去的10年间，药学和基础医学是发展最快的。现在我们稍微展开一下，在2002—2011年的10年中，我国的基础医学发展得非常快，万篇论文数或者绝对数量增加很快，特别是每5年增加的数值是很高的。当然数量并不是决定因素，主要还是引用率，它体现了论文真正的价值。发达国家如英国，单篇论文平均引用数在1.4左右；而我国基础医学处于0.5左右，不论是2002—2006年，还是2007—2011年，总体来说，都在0.5左右。从引用率看，我国基础医学的论文处于60%~65%之间，可喜的是2007—2011年往上升。最领先的美国、英国、德国都在75%以上。特种医学领域的情况也是这样，数量增加很快，但是单篇论文平均引用数还是处于0.6，在整个10年之间（2002—2011年）波动不大，也是低于平均水平的。有幸的是，我国特种医学的引用率相对来说更接近先进水平。最先进的国家还不到65%，而在过去的10年，特别是最近的5年，我国特种医学已经接近60%。特种医学的相对差距是最小的。恰恰法医学也在特种医学里面统计，所以法医学在其中也有一定的贡献。更重要的是，2002—2006年时，在特种医学领域，中国的论文引用率只有50%，而到了2007—2011年时接近60%，增长幅度在所有学科中是最快的。因此，可以预计特种医学是增长潜力最快的一个学科，当然也包括隐含在其中的法医学。这次基金委医学部组织的调研也发现，中国法医学在很多领域确确实实已经有了较快的发展。

法医学服务于我国的法制建设，为相关法律法规的制定提供科学的依据。我们不但要强调法医学科对国家的贡献，也要强调在国家法制建设更加深入的形势下，法医学学科的发展更需要得到国家的高度关注和支持。

1. 加强法医学的学科建设是依法治国、维护社会稳定的政治责任

法医学研究成果的直接应用是法医学鉴定。鉴定意见直接关系到案件事实认定、法律正确适用和群众权益保障，在很大程度上决定司法公正的实现程度。法医学鉴定作为诉讼活动的技术支撑，在司法实践中的众多案例都说明，鉴定结论的公正与否，关乎社会稳定，承担着重大的政治责任，因此必须保证鉴定结论具有科学性、客观性、公正性。

2. 提高我国法医学综合研究能力是构建和谐社会的必然要求

在诉讼、仲裁、公证、调解等纠纷解决机制中，把社会问题转化为法律问题，把法律问题转化为技术问题，通过技术手段解决矛盾纠纷，法医学鉴定发挥着重要作用。目前运用法律手段解决纠纷已成为社会主流的方法。在处理纠纷的过程中，运用证据进行有效的证明，是当事人维护自身合法权益的唯一手段。因

此，群众对客观、科学和中立的鉴定服务的需求日益增加。提高法医学整体科技水平和鉴定能力，对于保障群众的合法权益，妥善化解矛盾纠纷，维护社会稳定，具有重要意义。

3. 提升法医学的学科水平是科学技术快速发展的新要求

科学技术的进步和发展，使法医学鉴定面临的问题呈现复杂化、多样化、高科技的特征，需要鉴定的事项已高达200余种。如大规模灾害事故受害者残骸的个人识别、复杂亲缘关系鉴定、法医骨龄鉴定、非创伤性死因鉴定以及中毒鉴定等，都对法医学鉴定技术提出了新问题。提高我国法医学鉴定综合能力是科学技术发展的新要求。

我们指的法医学研究是法医学自身特有的科学研究。在讨论学科发展规律时，我们强调法医学的理论体系及其方法是有独特性的，是有自身内在的规律的。

三、“十三五”期间法医学科的前沿热点领域和水平

通过调研，我们预计在“十三五”期间，法医学科前沿研究的热点有如下5个方面。

1. 法医病理学

对于法医病理学来说，应着眼于法医学鉴定实践的难点问题。由于法医学是应用学科，即使是原创性研究，也要针对法医鉴定实践的难点。这方面我们已经有了很多进展，其中在法医病理学的死亡原因、心脏猝死机制方面已经取得了突破性的成绩。我们预期，法医病理学的研究前沿与热点将集中在猝死的机制和损伤的机制这两个方面。我们特别强调对于法医病理学，损伤机制是关键。

2. 法医物证研究

我国法医物证研究已经从较为分散和重复的发展转变到相对集中于国际发展的方向和前沿，从单纯的跟踪、模拟发展到了有一定程度的原始创新。我国原创性的工作已受到国际瞩目，在具有较大影响力的国际大会上，我国学者多次被邀请做大会报告。在SCI论文数量方面，法医物证在法医学所有专业中名列第一。我国大学和法医研究所的学者偏重于法医物证学基础科学研究，而公安系统法医学者则在现场疑难检材DNA分型和国产试剂盒的研制方面更具优势。我国在以下几个方面成绩显著：①STR遗传标记在法医物证学中的研究获得突出成绩，多家单位已经研发了STR分型试剂盒，多次获得国家科技进步奖。②SNP遗传标记在法医物证学中的研究取得了较好的成绩，如SNP遗传标记的筛选及其依托的分型技术平台研究方面。一批研究成果发表在*Genome Res*，*Int J Legal Med*等重要的国际期刊上。③RNA遗传标记在法医物证学中的研究得到

有效开展，如对外周血、月经血、精液、阴道分泌物以及唾液等体液鉴定的特异性MicroRNA研究方面获得突破性进展，达到国际先进水平，相关论文发表在*Forensic Sci Int Genet*等数个法医专业最重要的国际期刊上。④表观遗传标记在法医物证学中的研究，如DNA甲基化在同卵双生子甄别中的探索研究并取得了一定进展。⑤新一代测序技术在法医物证学中的研究，如复杂亲缘关系鉴定研究等在国家自然科学基金支持下已经起步。

3. 法医毒物与毒理学

我国法医毒物与毒理学的科学研究包括：①法医毒物分析：毒物、代谢物及内源性物质简便、快速、准确的检测方法和检测技术，同时创新分析检测技术以满足食品安全、环境污染、药物毒性个性化评价，并制定系列技术标准。②毒物的体内过程：研究毒物的吸收、分布、代谢、排泄、死后再分布、死后降解等，为毒效评价、指导法医鉴定的检材采集和检测结果的解释等提供科学依据。③毒物的毒理作用及毒性机制：研究毒物进入生物体后产生毒性反应、严重程度、发生频率和毒性作用，引起生物体中毒、损伤及死亡的毒理机制和规律。④法医毒物组学：通过各种组学技术对代谢物质的变化进行研究，探索代谢物质变化的规律，寻找与中毒相关的生物标志物；研究人体毒物代谢酶的基因多态性与毒物代谢规律之间的联系。

4. 法医临床学研究

法医临床学研究主要分为两大研究方向：一是利用自然科学的理论和技术，研究法医临床学所涉及的关于活体损伤问题（如损伤机制、损伤时间等），机体器官功能的客观检查（如视功能、听功能的客观检查）方法，以及活体的个体识别问题（如活体的年龄判定、活体容貌认定的基础研究），这也是我国法医临床学发展的主要研究方向。二是利用社会科学的理论和方法，建立各种人身损害的规范等，以解决法医临床学司法鉴定中存在的问题，如损伤程度、伤残等级鉴定的标准以及规范、医疗过错的司法鉴定等。这部分内容由于与临床医学相关内容重叠很多，在案件方面数量特别多。但是，我们强调要以法医学特有的技术来研究，这就存在较大的距离，距离我们心目中的科学原创研究有一个需要弥补的缺口。

5. 法医精神病学研究

法医精神病学涉及法定能力与法律关系鉴定，均与精神疾病的发病机制、伤病关系与因果关系的影响、诈病伪装的神经发生机制与鉴别诊断技术密切相关，离不开基础研究成果的支撑。我国的研究与国外的研究有一个比较大的区别，国外更多是与人文科学结合在一起研究精神病人的法律问题和流行病学问题；而我国是以神经科学为基础进行研究的。所以国家自然科学基金也对法医精神病学有两个重点项目的支撑，而且也有很多面上项目的支撑，这促进了我国法医精神病学沿着现行的研究路线发展。

四、国家对法医学科的重大需求

基金委为“十三五”规划做了大量的前期工作，为今后开展科学研究做好了准备。这里仅举一个例子。在科技部科技支撑计划中，有公共安全、公检防控与应急技术装备这个专项。在“十二五”期间已经投资50多亿元，本次必然要超过这个数字。这个科技专项中有一个项目是司法鉴定。我国定义的司法鉴定包括三大经典领域，第一个就是法医学。也就是说，“十三五”规划中国家科技专项一定会有司法鉴定这个科研项目。这种科技专项投资都是超过50亿元的，这只是举个例子。

五、法医学科应重点发展的前沿领域

首先，法医学很大一部分研究领域都涉及损伤。建议在“十三五”期间重点在人体损伤机制方面整合成一个大的研究方向，包括机械性损伤、毒品的毒性损伤、精神损伤机制以及不明原因猝死机制的研究。基金委强调面上项目是针对科学家个人的兴趣，而从科学研究国家需求规划方面，我们建议将人体损伤机制研究作为法医学特色研究列入第一个重点发展的前沿领域。

第二，法医物证学研究已经取得了长足的进展，但是大家所熟知的短串联重复序列（STR）已经使用了20年，已经是完全成熟的技术。在这种情况下，STR不太可能作为研究的新领域，而是常规工作。科学研究应该有新的指向和突破，所以我们建议法医生物检材溯源与分子表型研究应该成为“十三五”期间一个重点的原创性研究。生物检材溯源包括族源或者脱落细胞的组织来源分析。至于用什么指标是科学研究的问题。另外，复杂亲缘关系鉴定，也是重要的法医物证学研究方向。生物检材包含个体身体特征，如肤色、身高、毛发、面部特征、种族及地域等信息，我们把它归到一起就是生物检材的溯源与分子表型研究，是一个比较重要的研究领域。该类研究对于提高犯罪现场生物检材的信息含量、指出侦查方向具有重要意义。以现场检材为研究对象，研究实现检材溯源和获得分子表型具有重要的科学意义和社会意义。

第三，我国法医毒物与毒理学有两个方向：一个是毒物分析；另一个是毒理学研究，亦即中毒病理学的研究。但是在我们看来，科学的问题除了具体的研究方向以外，大的方向应该是毒物与毒理学的创新技术研究。我们预期，通过对毒物与毒理学的创新技术研究，将为处理疑难重大案件和事件提供准确可靠的技术方法和科学依据，在法医毒物毒品鉴定，环境因素、药品、食品、健康相关等的毒性、安全性评价，以及风险管理等方面取得重大进展。

侯一平 教授，博士生导师，国家教学名师，现为四川大学华西基础医学与法医学院院长。四川大学法医学国家重点学科学术带头人，四川大学教育部法医学特色专业学术带头人，国务院特殊津贴获得者。国际法医遗传学会华语区(Chinese Speaking Working Group of International Society for Forensic Genetics)主席，教育部高等学校法医学专业教学指导委员会主任委员，国务院学位委员会学科评议组特种医学学科评议组组长，中国法医学会法医学教育委员会主任委员，全国高等医学院校法医学专业教材编审委员会主任委员。

作为德国洪堡基金会研究奖学金获得者，先后在德国科隆大学和不来梅大学从事科学研究。近5年获得国家“十二五”科技支撑计划2项，国家自然科学基金重点项目1项、面上项目3项、人才项目1项，国家授权发明专利7项。通过遗传标记分析解决个人识别和亲缘鉴定等法医物证学核心问题；在Y染色体、MicroRNA和混合斑分析等研究领域取得了标志性成果；通过发展新的检测技术，在分析降解、微量、疑难检材等前沿领域取得了重要突破。研究论文发表在*Nat Med*、*Genome Res*、*Forensic Sci Int Genet*、*Int J Legal Med*等国际学术期刊共计189篇。主编普通高等教育“十一五”国家级规划教材《法医学》、普通高等教育“十五”“十一五”“十二五”“十三五”国家级规划教材《法医物证学》。

死亡时间推断研究进展与未来策略

王振原

西安交通大学法医学院法医病理学系

摘要：全世界的法医学工作者都面临着一个重要的实践难题：如何给出死者的准确死亡时间。近年来，陆续发表的论文显示，该领域的研究工作取得了部分进展，但距离实际工作的需要还有相当长的路要走。本文从4个方面解读相关研究工作的进展及新技术的应用，包括中国学者的研究工作介绍、国外学者的工作简介、笔者团队的研究工作，最后一部分提出未来工作的思路。借此希望我国的法医病理学工作者努力进取，走在该领域国际的前沿。

关键词：死亡时间；法医学；新技术应用

一、引言

长期以来，法医病理学面对的最重要的挑战或许不是暴力影响本身，而是暴力痕迹被死后变化的遮盖！分析案件并提供案件发生的时间是法医学工作者责无旁贷的工作，而死后间隔时间的推断几乎是反映案件发生时间的最重要的客观线索，但由于受多种因素的影响，到目前为止，死亡时间推断的科学研究工作仍然没有获得里程碑式的进展。

人体死后的变化无一例外地受到尸体本身及外界环境因素改变的影响。一个基本的常识是：几乎全世界所有的法医病理学工作者都不可能在第一时间获得大多数尸体，因此，死后变化对尸体的影响不可避免。最为直接与简单的例证就是"自溶"。由于细胞核染色质的死后降解，显微镜观察已经无法做出细胞学水平的诊断，即使一个简单的皮下出血改变，即可能出现无法诊断、认定的情形；各种生物大分子的降解自然也对分子水平的诊断有重大影响，这也便是法医病理学与普通病理学最大的不同。除了自身物质的变化之外，死后改变也可能产生新的物质，需要与原来的体内物质进行鉴别。尤其在死后的晚期，大量腐败菌的繁殖既能破坏原有组织，也能产生大量的新物质，不论是对分析死后代谢物质降解数据还是寻找外源性有害生物组织，均有显著影响。

综上所述，死后改变不仅是死亡时间推断的单一问题，而是对动物及人体在死后不同环境下变化的全方位影响。

二、近几十年来国内学者的研究工作概述

在死亡时间推断的研究领域,中国学者做的工作可能比国外多,但是,很多工作并不被国外学者所了解。原因是:我们的很多文章主要是以中文文献发表,国际同行看不到。因此,我们把国内的工作写了一个英文综述,希望能够介绍给国外的同行。近年来,国内在死亡时间推断领域研究所用的方法主要可归类为:分子生物学方法、光谱技术、昆虫学、能量分析等。同时,一些传统的方法也有进一步拓展。

从分子生物学的方法着手,主要是筛查一些大分子的死后降解规律,包括DNA、RNA和蛋白质等。已发表了一系列相关的论文,尤其是基于稳定RNA降解的方法做了较好的尝试(表1)。首先,RNA是一个非常容易降解的生物分子,不稳定、易降解是其生物学特征。在这种背景下,用其作为死亡时间推断的一个标志物,明显存在重大缺陷,因而应用到实际工作领域的可能性非常低。第二是DNA的降解(表2),这方面的工作我们和国外是同步的,包括国外的一些法医学者也用了类似的方法,开展得比我们还更早一些,也做了一些相关的工作,发表了一些文章。但是,这些工作也存在很多问题,比如操作时间比较长,在整个实验的过程中信息丢失很多,对结果的影响会很大。尽管我们在实验室里可以用老鼠样本做出一个漂亮的曲线,但实际工作中从尸体上获得DNA然后去做死后鉴定,过程偏差太大,而且过程非常漫长,不能满足实际应用的需求。

表1 近几十年来国内学者对PMI推断所取得的研究进展:基于RNA降解的方法推断死亡时间

年代	作者	样本来源	组织器官	温度	RNA	PMI
2005	肖俊辉等	老鼠	心肌和膈肌	21℃	β-actin mRNA	12 d
2007	刘季等	老鼠	大脑	15℃,20℃	GAPDH mRNA, 18S rRNA	7 d
2007	陈晓瑞等	老鼠	视网膜	20℃	β-actin,Pgk1,Rpl4 mRNA	28 h
2009	任广睦等	老鼠	大脑、脾脏	20℃	GAPDH mRNA,β-actin mRNA	12 d

续表

年代	作者	样本来源	组织器官	温度	RNA	PMI
2010	武红艳等	老鼠	肝脏	15℃，25℃	GAPDH mRNA	48 h
2011	刘岳霖等	老鼠	大脑、心脏、肾脏	20℃	β-actin mRNA	96 h
2013	Wang Hui et al.	老鼠	心肌、肝脏、大脑、骨骼肌	—	miR - 122, miR - 133a, miR - 150, miR - 195, miR-206	48 h
2014	Li Wencan et al.	老鼠	心脏	—	18S rRNA，miRNA	7 d
2014	Lv YH et al.	老鼠	脾脏	40℃或25℃	mRNA, miRNA, 18S rRNA，U6 snRNA	260 h

PMI，死亡时间

表 2 近几十年来国内学者对 PMI 推断所取得的研究进展：基于 DNA 降解的方法推断死亡时间

年代	作者	样本来源	组织器官	温度	DNA 检测方法	PMI
2000	刘良等	老鼠	大脑	22～28℃	图像分析法	24 h
2001	刘良等	老鼠	肾脏	16～22℃	图像分析系统	48 h
2002	陈玉川	人体	胸骨骨髓	20～25℃	Feulgen 染色及计算机图像分析技术	7 d
2005	张岚等	老鼠	肝、肾、脾脏	20℃	DNA3′末端转移法（TdT 法）	48 h
2005	何方刚等	人体	脾脏	4℃，17～28℃	Feulgen 染色及计算机图像分析技术	7～36 h
2008	胡俊等	老鼠	骨髓、大脑	10℃，20℃	单细胞凝胶电泳（SCGE）检测法	40 h
2011	李姗姗	人体	肝脏	10℃，20℃，30℃	图像分析系统	13～34 h

PMI，死亡时间

第三是蛋白质,今天使用最多的是用蛋白质印迹法(western blot)来做蛋白质的定量分析(表3),这也是做生物医学实验最常用的测定蛋白质的方法,但用在死亡时间推断上则成本很高,造价很大,而且可用性特别差,其中核心的问题是:死后降解的蛋白质的抗原性改变太大,实验结果几乎难以评价。所以尽管做新鲜组织、细胞的实验可用性好,但我们不认为在尸体鉴定方面它是一个好方法。

表3 近几十年来国内学者对PMI推断所取得的研究进展:基于蛋白质降解的方法推断死亡时间

年代	作者	样本来源	组织器官	蛋白质	检测方法	PMI
1994	黄秋菊等	人体	血液	补体第三成分(C3)	交叉免疫电泳方法	40 h
2004	吕江明等	老鼠	心肌、骨骼肌	肌动蛋白	免疫组化S-P法	54 h
2006	郑旭东等	人体	骨骼肌	肌钙蛋白I	蛋白质印迹法	5 d
2006	吴荣奇等	老鼠	骨骼肌	肌原纤维小片化指数(MFI)	双缩脲法	48 h
2007	卞杰等	人体	心脏、骨骼肌	肌红蛋白	蛋白质印迹及图像分析法	72 h
2008	蒯锦霞等	老鼠	心脏、肺脏	微观蛋白	蛋白质印迹法	7 d
2008	刘杨等	老鼠	心肌、肝、脾、肺、肾、脑和骨骼肌	肌动蛋白	蛋白质印迹法	168 h

PMI,死亡时间

本课题组主要采用光谱技术。光谱分析方法有多种类型,如傅里叶红外光谱、拉曼光谱、紫外光光谱等,在一定范围内都可以选择使用。

法医昆虫学的研究近年来有了一定的进展,除了传统的昆虫形态学的观察之外,在分子水平上也进行了一些探索,国内做得比较好的两个团队是:中南大学湘雅医学院的蔡继峰教授团队和苏州大学的王江峰教授团队,他们在昆虫学领域做了相当不错的工作。表4列出了在昆虫学领域能查到的国内外部分文献。

表 4 近几十年来国内学者对 PMI 推断所取得的研究进展：法医昆虫学方法在死亡时间推断中的应用

年代	作者	实验假设
1994	汤治洲等	蛆虫的长度随时间规律变化
2000	牛青山等	有效积温同丝光绿蝇的蛆长度及卵重线性关系
2002	王江峰等	巨尾阿丽蝇的形态变化规律
2005	刘兴甲等	嗜尸蝇类蛆的生长长度与尸体死亡时间之间的关系
2007	Zhu GH et al.	Puparial case hydrocarbons of Chrysomya megacephala
2010	Shi YW et al.	Development of Chrysomya megacephala(Diptera：Calliphoridae)
2010	陈禄仕等	嗜尸性蝇类生活史规律
2011	陈禄仕	嗜尸蝇类种群落组成、季节变动及蛆虫生长长度
2013	马婷等	厚环黑蝇生长发育规律
2013	Liu Y et al	Morphologic observation of Boettcherisca peregrina
2014	Xu H et al	Cuticular hydrocarbons of larvae in Aldrichina grahami
2014	Feng DX et al.	Pupal stage of Megaselia scalaris
2015	Yang YQ et al.	Development of Hemipyrellia ligurriens at constant temperatures

PMI，死亡时间

关于死后能量的分析，实际上是死后能量代谢过程的检测，检测用的方法也有一些不同之处。比如通过检测温度的变化是最经典的一个检测方法，到目前为止，仍然是公安机关在侦破刑事案件时最常用的方法。1984 年，公安部曾组织全国十余个公安厅局进行了大规模比照现场的人群实验，共用了 581 具尸体，得出了一系列关于温度差推断死亡时间的方程式，目前各地公安机关还在广泛使用。现阶段存在的问题是什么呢？很明显，前述研究没有将可变的环境因素充分考虑进去。传统的尸温测量法尽管有一定的效果，但是当尸体的温度与环境温度平衡之后，不再继续变化，在此之后被发现的尸体将无法确定时间差。另外，当环境温度变化剧烈时，尸温降低发生的变化也非常不同，因此，尸温只是一种比较粗浅的方法。后来很多学者把这种方法做了更细化的研究，包括国外的学者。本团队利用新的检测方法也做了一些细化研究，包括 ATP 及其降解产物的变化。一些研究在老鼠身上得到了比较好的曲线变化，但是在人体上则的确受环境因素影响太大（表 5，图 1）。

在尸体化学方面，组学的方法是一个思路，但同样面临环境因素的挑战。

表 5　近几十年来国内学者对 PMI 推断所取得的研究进展：
能量变化法在死亡时间推断中的应用

年代	作者	基本创新点
1984	PMI 推断课题组	581 例非正常死亡尸体直肠温度同死亡时间的关系
2004	王琼等	肛温、肝温、耳温同死亡时间的关系
2011	孙婷怡等	家兔死后血液 ATP 含量随着死亡时间延长的降解规律
2012	杨宇雷等	影响尸体温度下降的多因素同死亡时间的相关性
2013	Mao SW et al.	Estimation of PMI depending on the changes in ATP and its degradation products
2013	杨天潼等	变温条件下人体静脉血 ATP 降解与死亡时间的关系
2014	Sun TY et al.	A mathematical model using rabbits to characterize the correlation between blood ATP levels in the right ventricle and PMI

PMI,死亡时间

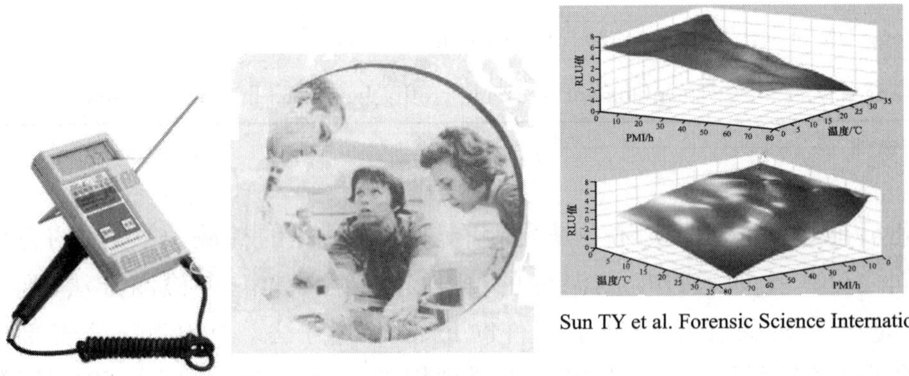

Sun TY et al. Forensic Science International,2014

图 1　死后尸体能量分析

三、近几十年来国外学者的研究工作概述

国外的法医学同行所做的工作大部分与我们类似,他们也在积极地寻找比较稳定的死后鉴别产物,用它们的降解程度推断死后时间的经过,并做了相关的研究工作。国外的法医同行与中国相比,在数量上有明显的差异。以美国为例,全国有 3.3 亿人口,法医只有一千多名,还有大量所谓的助理(assistant)。因此,他们的研究工作客观地讲并不比中国的科研强,尤其是在法医学领域。中国的法医学界有一批学者在做研究工作。

但不可否认的是，部分国家的法医学家也做出了相当出色的工作，如德国、意大利、美国等，他们也是瞄准实践工作的需要进行科学研究，主要是围绕案件的鉴定开展科研工作。

四、本团队工作介绍

除了前述方法，还有诸如电阻抗、酶活性、伽马射线等，这些都是研究者借助各自拥有的设备所进行的尝试。所有这些方法都受到了重大因素的干扰，即环境影响。环境因素所表现出来的主要是温度，其次还有湿度、风速以及尸体所接触的介质等。针对这种情况，我们团队做了一系列实验，发表了较多论文，研究结果在 2014 年获得了陕西省科技进步奖二等奖。在这个项目成果中，我们提出了一个概念：死亡时间推断中应该存在着一个所谓的“环境系数”，而环境系数里最重要的一个系数是“温度系数”。我们用动物实验证明了在所有对生物死亡后曲线变化产生影响的因素中，最大的因素是温度的变化。尽管湿度等其他因素也有影响，但相对于温度来说非常次要；不同的死亡原因也对死亡后的变化产生明显的影响，但这是来自尸体本身的影响。在死亡时间推断这个专业实践性非常强的领域里，死亡时间推断中的环境系数和温度系数是我们提取的最重要的科学问题，也是我们近年来工作的一个主导思路，并且将在今后的工作中继续引导我们的研究。

从 2004 年我们在上述领域申请到第一项国家自然科学基金开始，之后陆续获得 4 项基金，其中 3 项都和死亡时间推断密切相关。我们采用的技术从生物光子的衰减开始，依次经过傅里叶光谱技术，到现在一些新的成像技术，也包括血痕的形成时间。我们最近做的工作就是检测血痕的形成时间。血痕的形成时间意义很大，它不仅是死亡时间的一个标志，更是损伤时间的标志，也就是案发时间的标志。如果能够确定现场血痕的形成时间，将是一个非常有意义的工作。我们的总体思路是采用一个新的方法，即光谱学的方法（图 2）。该方法的优点是：检测迅速，成本较低，组织的信息丢失很少，适宜于现场使用。

在实验室很稳定的环境下做出的曲线往往非常漂亮；在不同器官、不同组织的恒定温度条件下，所做的所有工作的相关性都特别好。我们也建立了很多相关的时间模型来做这方面的工作。但是，当把这些研究工作真正地应用到尸体检测时，就会发现尸体检测的工作远比实验室的工作更为复杂。因此，提出了环境因素对死亡时间推断影响的科学问题。不论用什么样的方法，都不能离开特定的环境，因此，环境因素是我们研究的一个非常重要的内容。

通过上述研究，我们取得了一些成果，也发表了一些文章。其中的两篇文章（一个是应用光谱学方面，一个是光谱分析）被 2015 年在线的英国皇家化学学会

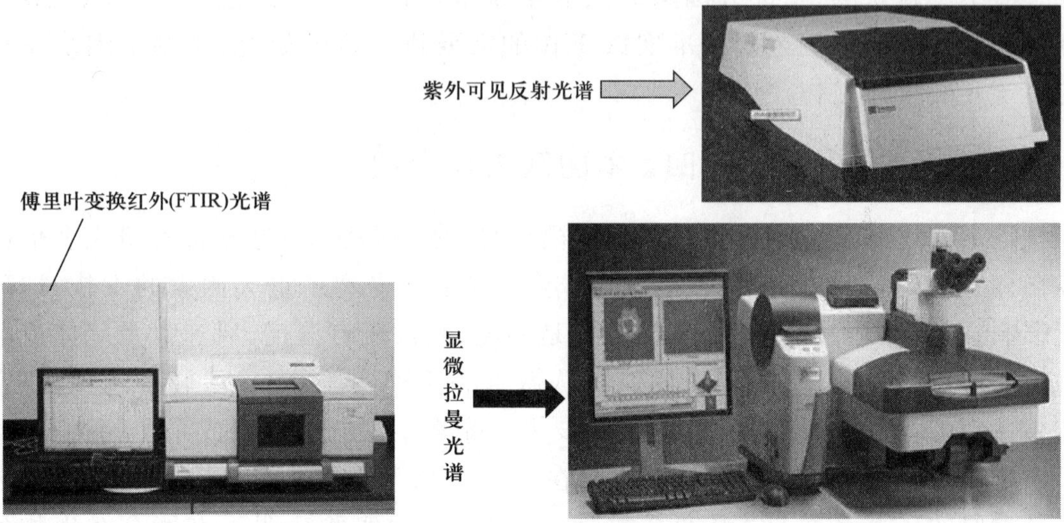

图 2　光谱技术

的一个期刊 *Chemical Society Reviews*（2014 年影响因子是 33.3）引用。因此，可以说，在光谱学应用的领域里又拓宽了一个领域，在死亡时间推断中用光学的方法来开展研究得到了认可。

五、基金资助分析与未来策略

关于近些年在死亡时间推断领域国家自然科学基金的资助情况，统计显示：近 10 年在死亡时间推断领域的累计资助项目共有 18 项，资助的总金额是 822 万元，资助项目的比重在所有法医学资助的面上项目里占四分之一强，说明它是法医学一个重要的研究领域。从资助领域也能看出相关研究工作的重要性。在现场工作中除了确定死亡时间和尸体身份之外，还有两个重要的问题：一个是死亡方式，一个是死亡时间推断。死亡时间推断是侦查员期望获得的非常重要的破案信息之一。这里举一个案例。某火车站站长涉嫌谋杀了自己的妻子，如果案件发生在早晨 8 点之前，这个站长就是唯一的犯罪嫌疑人，而 8 点之后可能就把他的作案时间排除了。公安机关法医在检查尸体之后，给出死者的参考死亡时间是早上 7 点到 9 点，很显然，这样既没有办法确定也没有办法排除站长的犯罪行为。这个案例充分说明了准确推断死亡时间的重要性。如何把死亡时间推断的间隔范围缩得更小，这是我们今后工作努力的目标。

展望未来，在新的历史背景下，新的技术方法不断涌现，多学科交叉、融合非常迅速，同时大数据时代已经到来。此前，我们已经建立了大鼠各个器官在多个温度水平的死亡后数据库，也收集了部分人体的样本数据。如何把现有的研究成果真正转化为实际工作的需求？最近在石家庄召开的转化医学学术讨论会，提出了转化法医学的需求。如何把实验室的研究工作运用到法医学鉴定的实践中可能是我们今后工作的一个重点方向。从鉴定工作的需要出发，本人对未来关于死亡时间推断提出几点建议。

第一，我们一直在努力寻找不受环境因素影响的一个所谓的死后降解规律，这个规律是否存在？我认为这个规律可能不存在，因为人体作为一个生物有机体，死后的变化不可能不受环境的影响，不受自身的代谢状况的影响，因此这个理想的标记物可能永远不存在。

第二，既然理想的标记物不存在，应该从满足实战的需要出发，寻找更切合实际工作需求的新方法，确立未来的研究方向，而不是有什么方法就利用什么方法，比如前面提到的复杂的分子生物学方法，我不认为它是一个好的研究方向。

第三，我们应该寻找或者自己制造便于操作、价格低廉、易于普及的现场设备。将来我们的工作进一步发展，希望在公安的勘查箱里放一部类似手机那样使用方便的法医死亡时间探测仪，把它放在尸体上探测一下，它就能快速给出一个参考的死亡时间，这是非常有价值的，也是将来努力的方向。

第四，不论从国家自然科学基金委还是从科技部，我们都应获得更多、更大的基金支持，在我国率先建立一个全方位的推断死亡时间的基础数据。在这样的基础上建立一个真正符合中国国情的死亡时间推断的系列诊断标准，这也将是我们今后工作的重点方向。

最后，感谢国家自然科学基金委给予的支持，感谢我的研究团队中的黄平博士、柯咏博士、毛士伟博士、赵晓杰博士、李洋博士等。

王振原　1964 年生，陕西三原人，医学博士，美国印第安纳大学医学院博士后，现任西安交通大学法医学院法医病理学系主任、教授、博士生导师，西安交通大学司法鉴定中心主任法医师。兼任国际证据科学协会理事，中国法医学会法医病理学专业委员会副主任，CNAS 能力认证技术专家，公安部特聘科技专家。

多年从事法医学科研、教学及司法鉴定工作，主要研究方向为：法医病理学鉴识证据——死亡时间推断等。业已完成数千起死亡案件的鉴定工作,包括许多疑难与复杂案件的会诊鉴定,是业界知名的法医病理学专家。主持国家自然科学基金面上项目4项、国家“973”项目子课题1项、省部级课题10余项。发表论文100余篇,其中SCI收录33篇。主编、副主编、参编专著和教材18部。获陕西省科研成果奖3项及多个教学与教材成果奖。培养毕业博士、硕士研究生20余名,分布于中国公安部、司法部及高等院校等单位。

代谢组学在死亡时间推断的应用

沈忆文

复旦大学基础医学院法医学系

摘要:死亡时间推断是法医学研究的重点和难点。以往研究死亡时间的技术方法包括:根据尸体现象变化规律、组织及体液化学物质含量变化规律、组织蛋白及核酸(DNA、RNA)降解程度和规律、尸体昆虫生长发育规律等。由于考虑的参数有限且受多因素的影响,因而限制了研究结果的准确性。目前研究方法趋向于应用多元变量数学模型进行死亡时间推断。代谢组学能够全面地检测组织内各种代谢物的含量,可应用该技术研究各种代谢物含量的变化与死亡时间的关系,以多变量、多参数方式构建数学模型,期望能够减少各影响因素引起的误差,为死亡时间推断研究提供新思路和方法。

关键词:死亡时间推断;代谢组学;小分子标志物;多元数学模型

一、引言

死亡时间(postmortem interval,PMI)是指尸体发现时距离死亡发生时刻的间隔时间。死亡时间推断对在刑事案件中划定犯罪嫌疑人范围具有特别重要的意义;另外,死亡时间推断也能为一些遗产纠纷及保险等民事案件提供重要的科学依据。

二、死亡时间推断研究进展

我国古代法医学鼻祖宋慈在《洗冤集录》里依据尸体现象结合昆虫学对死亡时间进行了研究,在文末他提到了"又南北气候不同,山内寒暄不常。更在临时通变审察",提示环境变化对推断死亡时间的影响。一个多世纪以来,国内外法医学者提出了很多方法来推测死亡时间,但由于死后尸体的变化受环境温度、湿度、个体差异等诸多因素影响,死亡时间推断的研究结果在实践应用中不甚理想。目前研究表明,在这些影响因素中,温度占绝对比重[1-3]。时至今日,死亡时间推断仍是法医病理学领域研究的热点和难点[4]。针对死亡时间推断,法医工作者开展了多方面的研究，包括：①传统方法，主要是根据尸体现象[5,6]、超声反应、胃内容物消化程度等对死亡时间进行推断。该方法受环境、个体等因素影响多且大，并以经验推断为主。②核酸成分的降解，如利用 DNA、RNA 含量的变化进行死亡时间推断研究[7-14]。③蛋白质的变化，主要通过免疫组化[15]、免疫印迹[16]等方法对死后机体的蛋白质含量进行测定，并通过数学建模推断死亡时间。④法医昆虫学方法[17-20]，研究昆虫（主要是蝇类）生长发育规律以及不同种类昆虫侵袭的交替规律等与死亡时间的关系。该方法受温度等气候条件影响及地域限制，推广应用有限。⑤玻璃体液研究，对玻璃体液不同微量成分进行定量分析，研究其浓度变化与死亡时间的关系，主要以 K^+研究为主[21,22]，目前已通过增加变量，建立多元回归方程以提高该模型的准确性[23-25]。但是文献关于玻璃体液研究的结果并不一致，甚至有文献报道，即使 K^+含量发生变化与死亡时间也并不相关[26]。⑥其他方法，如死后化学变化，应用化学、生物化学、组织化学、酶组织化学、分子生物学等，建立相关变量（NAA、Cho、PCr、Cr 等）的死亡时间推断模型[27-29]。再比如通过检测死后微生物 ATP 的含量及其代谢产物并进行定量分析，利用宏基因组学研究细菌种群在一定时间的变化及其与死亡时间的关系[30-32]。另外，通过检测死后组织物理学改变推断死亡时间，如生物力学、组织内生物大分子的化学官能团和分子含量的变化[33-35]，该类研究表明，心脏、肺脏、骨骼肌适合用于晚期死亡时间推断[36,37]。

目前用于死亡时间推断的技术和方法很多，但研究主要是采用实验动物及离体组织，且控制参数有限，大多通过单一指标（例如死后核心温度的改变、单基因核酸含量变化、单一蛋白的降解等），经过实验设计考虑多因素影响（温度、湿度等）进行死亡时间推断，但是应用到实际案例中误差较大。因此，法医学工作者一直致力于探索推断死亡时间的新技术新方法，希望找到某些生物学指标，在相对时间内具有一定的稳定性，又能随死亡时间呈现出统计学意义的变化，且受外界因素影响较小。同时，在学科方面也积极与数学、生物信息学等专业紧密合作，研究更合适的统计学方法及软件以整合方程，基于动物实验建模再根据人体实际情况进行优化，以提高死亡时间推断的准确性。有文献报道增加变量、参数可提高推断死亡时间的准确度。例如在玻璃体液研究中，在 K^+浓度基础上引入次黄嘌呤，在一定程度上提升了准确率[21,23]。因此，多变量、多参数引入死亡时间推断将是提高死亡时间推断准确度的一个重要途径，也将是死亡时间推断科学问题研究的热点。

三、代谢组学及其常用技术

1999 年英国帝国理工大学的 Nicholson 等正式提出代谢组学的概念，“即对生物系统因病理、生理刺激或者基因改变后所产生的多参数动态应答进行的定量测定”。也就是机体作为一个完整的生物体,受到刺激(疾病前后)后代谢产物的变化,根据变化的动态过程来进行一些代谢物通路的测定,得到某些规律,比如应用于疾病的诊断以及药效评价方面。因此,代谢组学是研究生物体系(细胞、组织或生物体)受外部刺激后所产生的所有代谢产物变化的科学[38]。就整个生物体系而言,DNA、RNA、蛋白质是生物学事件或过程发生的物质基础,而所有的糖类、脂类、氨基酸、核苷酸等小分子代谢物(相对分子质量一般小于1000 Da的小分子)的集合构成了代谢组。代谢物的存在和变化反映了生命过程中已经发生或正在发生的生化反应。因此,代谢组学通过检测代谢物水平的整体和动态变化,提取相关的生物代谢标志物群体或标志物簇(biomarker clusters),并在此基础上寻找受影响的相关代谢途径,以确立代谢网络调控机制。

代谢组学根据研究目标及方法的不同分为几种类型,包括:①代谢物靶标的分析:针对某种特定代谢产物进行分析;②代谢物的轮廓分析:对某一类结构、性质相关的化学物,如脂类异戊二烯、糖类或某一代谢途径的特定代谢物进行定量分析;③代谢组学分析:对某一生物或细胞所有小分子量代谢产物进行的定性和定量分析;④代谢指纹分析:整体定性分析样品,比较图谱的差异快速鉴别和分类而不分析或测量具体组分。

代谢组学研究涉及的样本中,人、动植物以及微生物等是常见的检材,例如人体血液、尿液等液体成分,也可以是肌肉组织、心肌,甚至包括体外培养的细胞及其提取物,都可以作为检材。检测技术可利用不同的前处理方法再通过仪器分析,进行数据分析,标记物筛选、比对,最后得出物质代谢途径的分布。目前,核磁共振(nuclear magnetic resonance,NMR)、气相色谱-质谱联用仪(gas chromatography-mass spectrometer,GC-MS)和液相色谱-质谱联用仪(liquid chromatography-mass spectrometer,LC/MS)是最常用的3种检测技术。其中NMR技术具有无损伤性,不会破坏样品的结构和性质,且检测无偏向性的优点,适合研究代谢产物中的复杂成分;不足之处是与MS(质谱分析)相比,其灵敏度较低。GC/MS具有高分辨率、高灵敏度的特点,有相对丰富的标准谱图数据库可供利用,从而方便、快捷地对所得代谢物进行鉴定;缺点是只能对样品中的挥发性组分进行分析。另外,该方法需要对样品进行衍生化处理,过程比较复杂,有可能出现衍生化不完全而造成结果不正确。LC-MS技术既可进行定性检测又可进行定量测定,且与GC-MS相比,基本不需要进行衍生化的前处理,但对于未知物定性需要进行更多的研究。

四、代谢组学在死亡时间推断的应用

机体死亡后，构成人体组织的有机物（蛋白质、脂肪等）在自身各类酶消化以及环境诸多因素的作用下发生降解，使其小分子物质发生改变，如同活体组织发生病变。因此，我们假设机体死亡后各器官组织的小分子代谢物含量会发生变化，那么这些代谢物的变化是否具有一定的规律性？与死亡时间有无关系？代谢组学方法能够全面地检测组织内各种代谢物的含量，根据各种代谢物含量的变化与死亡时间的关系，以多变量、多参数方式构建数学模型，能够减少各影响因素引起的误差，从而为死亡时间推断研究提供新思路和方法。

近年来文献报道代谢组学在功能基因组学、营养学、病理学、药理学、毒理学、植物学、微生物学、系统生物学等多方面的研究与应用，在法医学领域的毒化方面也有所涉及。在法医病理学领域，探索与死亡时间相关的标志性代谢物是关键所在。目前已有文献报道应用代谢组学技术通过大鼠实验初步探索应用于死亡时间推断[39,40]，但尚未有应用代谢组学方法系统研究死后小分子代谢物变化及其与死亡时间关系的报道。上述的两篇文献中利用离体组织（大鼠肝）或血液（人）对死亡时间进行推断，推断时间上局限在两天，且实验结果未得到验证。我们建立了自然条件下 SD 大鼠死亡时间模型，36 只 SD 大鼠颈椎脱臼处死后随机分为 6 组，放置于室外遮荫处，分别于 0—5 天后取骨骼肌和心肌组织。样品提取后进行基于 Hilic-HRMS 的代谢组学分析，通过 VIP 值筛选，设置阈值，筛选出可能成为标志物的代谢物 251 个（其中 pos 组 121 个，neg 组 130 个），据此构建 PLS-DA 数学模型，不同死亡时间点得到较好的区分（图 1）。

对心肌组织的检测数据进一步分析，发现 251 个可能成为标志物的代谢物，经网络数据库比对发现 8 个确定物质（［二甲基亚砜 dimethyl sulfoxide、吡啶 pyridine、烟酰胺 niacinamide、(±)-丙酰肉碱(±)-propionyl carnitine、S-腺苷甲硫氨酸 S-adenosylmethionine、3-甲基丙酮酸 3-methyl pyruvic acid、核糖磷酸 D-ribose 5-phosphate、次黄苷 inosine）］（图 2）。

对骨骼肌样本提取后进行基于 Hilic-HRMS 的代谢组学分析，构建 PLS-DA 数学模型，不同死亡时间点得到很好的区分（图 3）。

对骨骼肌组织的数据进一步分析，发现 134 个可能成为标志物的代谢物，经网络数据库比对发现 12 个确定物质（异亮氨酸 isoleucine、缬氨酸 valine、赖氨酸 lysine、甲硫氨酸 methionine、组氨酸 histidine、谷氨酸 glutamic acid、琥珀酸 succinic acid、苏氨酸 threonine、精氨酸 arginine、烟酰胺 nicotinamide、组胺 histamine 和次黄嘌呤 hypoxanthine）（图 4）。

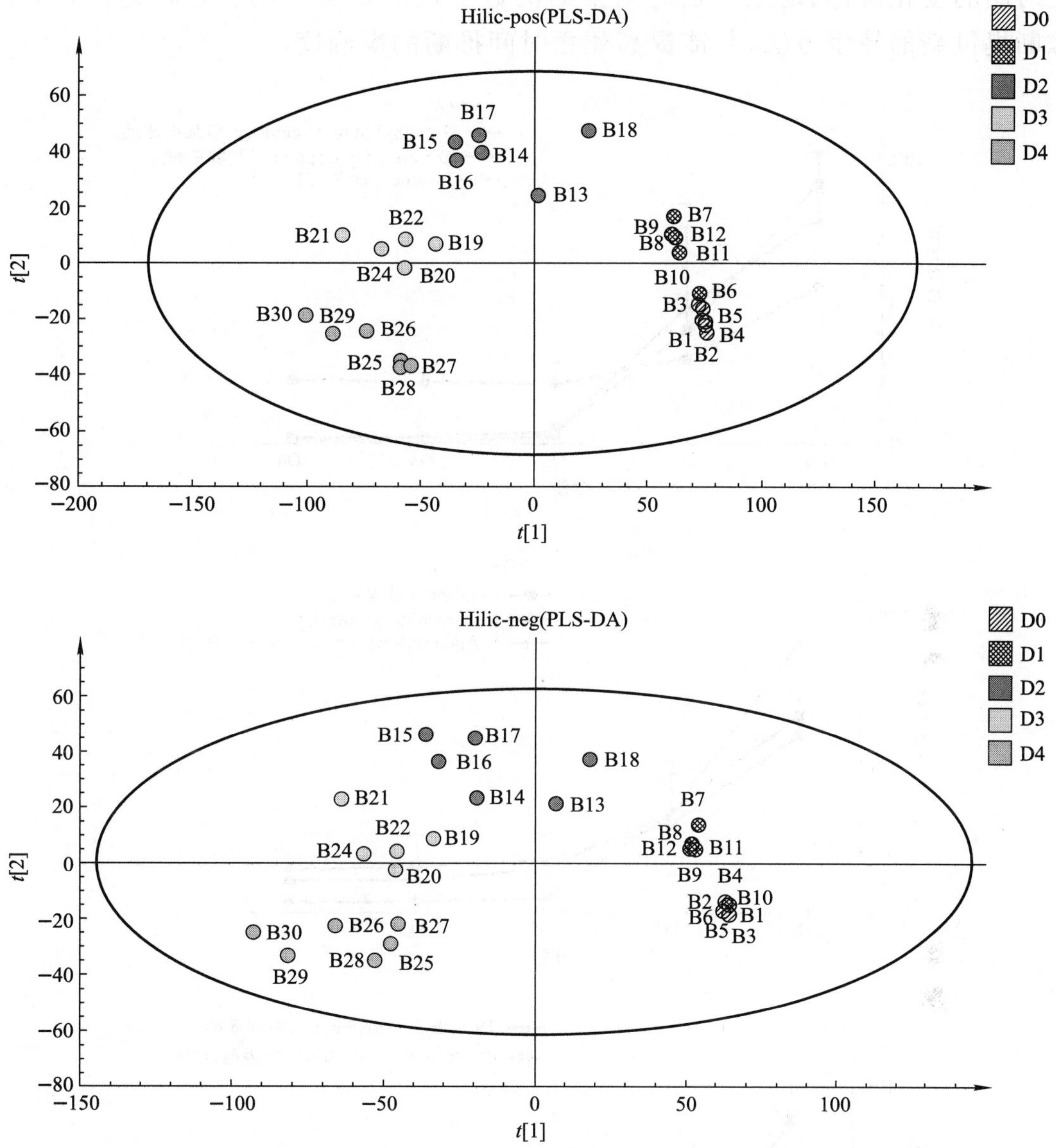

图 1　在 PLS-DA 分析中出现团簇现象，不同死亡时间点区分明显

对于骨骼肌组织的检测结果，通过以上述 6 组动物实验数据为训练集建立 PLS-DA 数学模型，以另外一批不同时间段但同样包含 0—5 天的 12 只 SD 大鼠肌肉组织样品代谢组数据作为预测集，对所构建的模型进行验证，结果表明，所构建的 PLS-DA 数学模型能很好地应用于不同死亡时间的推断（图 5）。

通过前期实验，我们认为应用大鼠死亡时间模型以及代谢组学技术和方法，筛选出与死亡时间明显相关的小分子代谢标志物，通过小分子代谢标志物与死亡时间的变化规律,建立死亡时间推断的数学模型是可行的。这将为死亡时间推断提供新的技术方法,并能提高死亡时间推断的准确度。

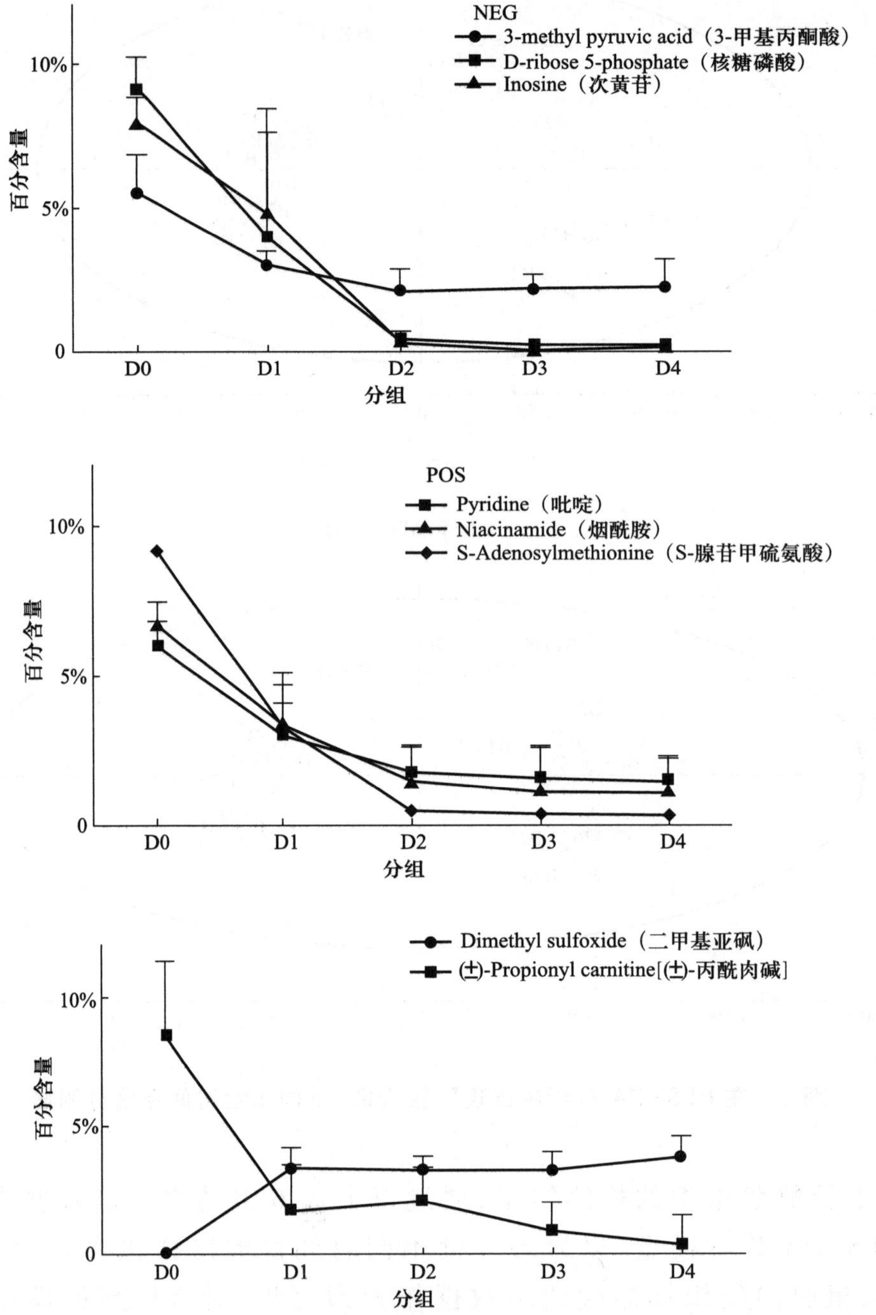

图 2 大鼠心肌组织 8 种代谢物质随死亡时间推移的相对含量变化趋势

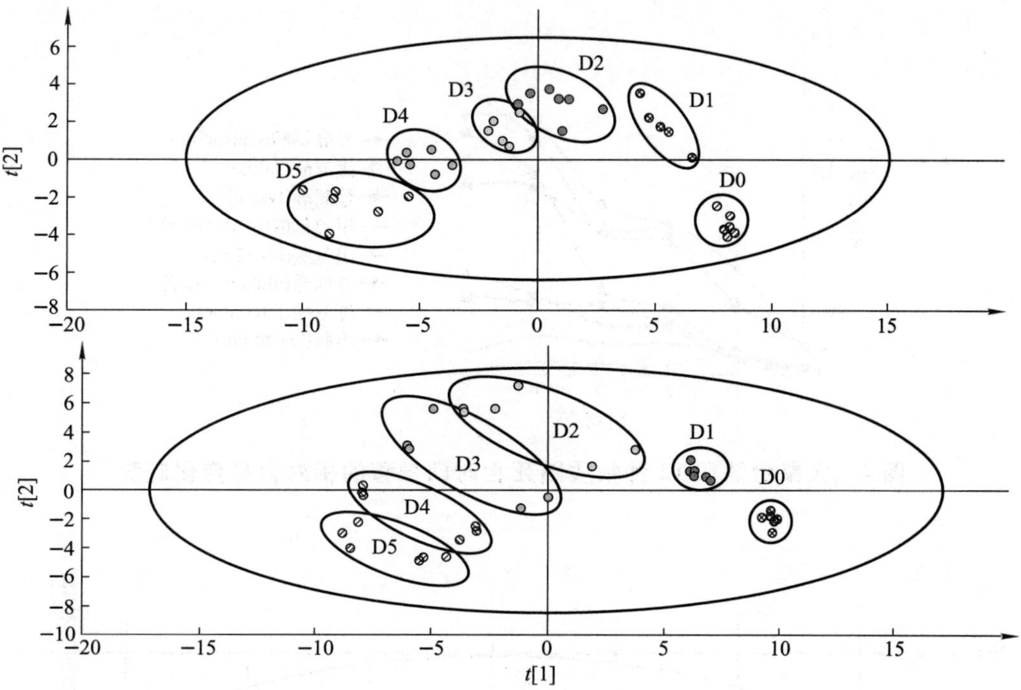

图 3　所构建的大鼠骨骼肌 PLS-DA 数学模型中，不同死亡时间点有较好的区分

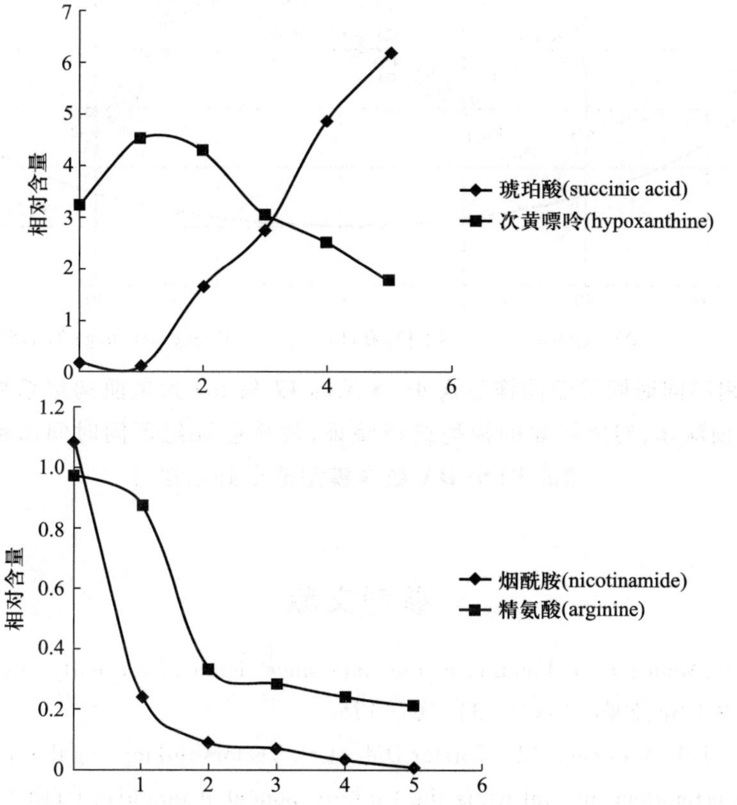

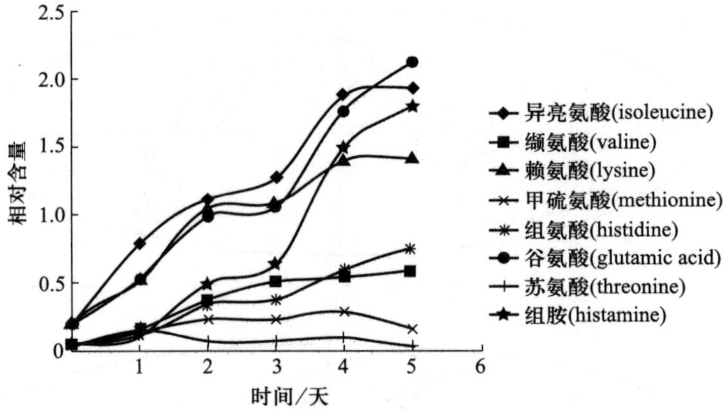

图 4　大鼠骨骼肌 12 种物质随死亡时间推移的相对含量变化趋势

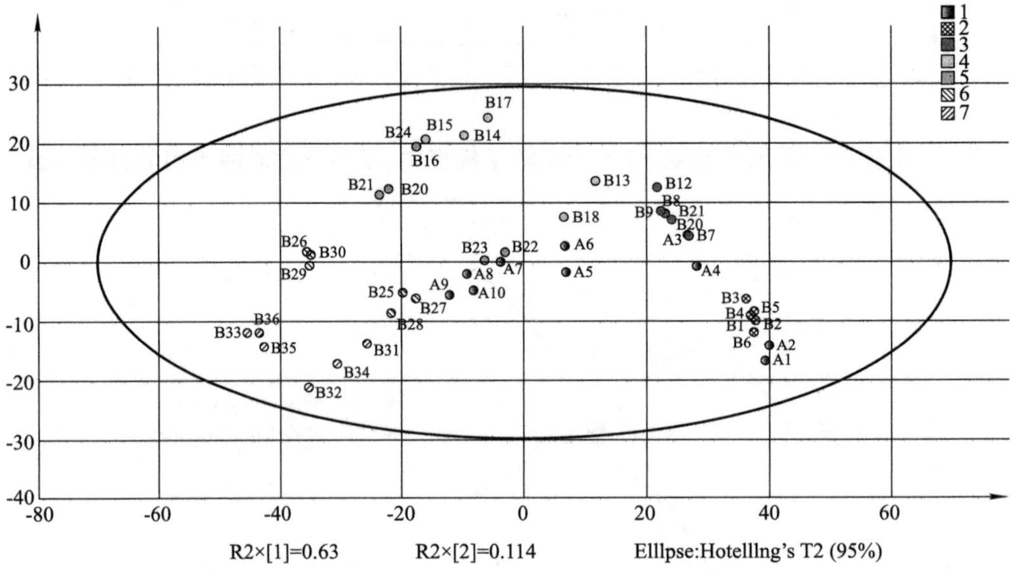

图 5　利用不同时间段但同样包含 0—5 天的 12 只 SD 大鼠肌肉组织样品代谢组数据作为预测集，对所构建的模型进行验证，发现验证组不同时间点数据与所构建的 PLS-DA 数学模型能很好地拟合

参考文献

[1] Henssge C, Madea B. Estimation of the time since death in the early post-mortem period. Forensic Sci Int, 2004, 144(2-3): 167-175.

[2] Al-Alousi LM, Anderson RA, Worster DM, et al. Factors influencing the precision of estimating the postmortem interval using the triple-exponential formulae (TEF). Part II. A study of the effect of body temperature at the moment of death on the postmortem brain, liver and

rectal cooling in 117 forensic cases. Forensic Sci Int,2002,125(2-3):231-236.

[3] Henssge C,Madea B. Estimation of the time since death. Forensic Sci Int,2007,165(2-3):182-184.

[4] Zilg B,Bernard S,Alkass K,et al. A new model for the estimation of time of death from vitreous potassium levels corrected for age and temperature. Forensic Sci Int,2015,254:158-166.

[5] 杨宇雷,吴荣奇,费耿,等. 尸温相关因素推断死亡时间的研究. 中国司法鉴定,2012(5):75-78.

[6] Varetto L,Curto O. Long persistence of rigor mortis at constant low temperature. Forensic Sci Int,2005,147(1):31-34.

[7] Adler CP,Beckhove P. Post-mortem DNA changes in heart muscle. Beitr Pathol,1971,142(3):306-320.

[8] Johnson LA,Ferris JA. Analysis of postmortem DNA degradation by single-cell gel electrophoresis. Forensic Sci Int,2002,126(1):43-47.

[9] 王成毅,刘良. 图像分析技术测定 DNA 含量变化推断死亡时间的研究及应用前景. 法医学杂志,2002,18(1):56-59.

[10] Bauer M,Gramlich I,Polzin S,et al. Quantification of mRNA degradation as possible indicator of postmortem interval--a pilot study. Leg Med (Tokyo),2003,5(4):220-227.

[11] Ma J,Pan H,Zeng Y,et al. Exploration of the R code-based mathematical model for PMI estimation using profiling of RNA degradation in rat brain tissue at different temperatures. Forensic Sci Med Pathol,2015,11(4):530-537.

[12] Lv YH,Ma KJ,Zhang H,et al. A time course study demonstrating mRNA,microRNA,18S rRNA,and U6 snRNA changes to estimate PMI in deceased rat's spleen. J Forensic Sci,2014,59(5):1286-1294.

[13] Young ST,Wells JD,Hobbs GR,et al. Estimating postmortem interval using RNA degradation and morphological changes in tooth pulp. Forensic Sci Int,2013,229(1-3):161-163.

[14] Odriozola A,Riancho JA,de la Vega R,et al. miRNA analysis in vitreous humor to determine the time of death:a proof-of-concept pilot study. Int J Legal Med,2013,127(3):573-578.

[15] Kikuchi K,Kawahara KI,Biswas KK,et al. HMGB1:A new marker for estimation of the postmortem interval. Exp Ther Med,2010,1(1):109-111.

[16] Poloz YO,O'Day DH. Determining time of death:temperature-dependent postmortem changes in calcineurin A,MARCKS,CaMKII,and protein phosphatase 2A in mouse. Int J Legal Med,2009,123(4):305-314.

[17] Catts EP,Goff ML. Forensic entomology in criminal investigations. Annu Rev Entomol,1992,37:253-272.

[18] Anderson GS, Vanlaerhoven SL. Initial studies on insect succession on carrion in southwestern British Columbia. J Forensic Sci, 1996, 41(4): 617-625.

[19] Grassberger M, Friedrich E, Reiter C. The blowfly Chrysomya albiceps (Wiedemann) (Diptera: Calliphoridae) as a new forensic indicator in Central Europe. Int J Leg Med, 2003, 117(2): 75-81.

[20] Carvalho L, Thyssen PJ, Linhares AX, et al. A checklist of arthropods associated with pig carrion and human corpses in southeastern Brazil. Memorias Doinstituto Oswaldo Cruz, 2000, 95(1): 135-138.

[21] Madea B, Kaferstein H, Hermann N, et al. Hypoxanthine in vitreous-humor and cerebrospinal-fluid - a marker of postmortem interval and prolonged (vital) hypoxia - remarks also on hypoxanthine in sids. Forensic Sci Int, 1994, 65(1): 19-31.

[22] Madea B, Henssge C, Honig W, et al. References for determining the time of death by potassium in vitreous humor. Forensic Sci Int, 1989, 40(3): 231-243.

[23] Mihailovic Z, Atanasijevic T, Popovic V, et al. The Role of Vitreous Magnesium Quantification in Estimating the Postmortem Interval. J Forensic Sci, 2014, 59(3): 775-778.

[24] Madea B, Roedig A. Time of death dependent criteria in vitreous humor - Accuracy of estimating the time since death. Forensic Sci Int, 2006, 164(2-3): 87-92.

[25] 陶涛，胥劲，罗通行，等. 人体死后不同时间玻璃体液化学成分的变化趋势. 四川大学学报(医学版), 2006(06): 898-900.

[26] Chandrakanth HV, Kanchan T, Balaraj BM, et al. Postmortem vitreous chemistry——an evaluation of sodium, potassium and chloride levels in estimation of time since death (during the first 36 h after death). J Forensic Leg Med, 2013, 20(4): 211-216.

[27] Sener MT, Suleyman H, Hacimuftuoglu A, et al. Estimating the postmortem interval by the difference between oxidant/antioxidant parameters in liver tissue. Adv Clin Exp Med, 2012, 21(6): 727-733.

[28] 肖坚. 基于虚拟尸检技术推断死亡时间的实验研究. 华中科技大学, 2006.

[29] 杨天潼，李振伟，刘良，等. 单体素~1H-MRS 推断死亡时间的初步研究. 中国法医学杂志, 2008(4): 220-222.

[30] Pechal JL, Crippen TL, Benbow ME, et al. The potential use of bacterial community succession in forensics as described by high throughput metagenomic sequencing. Int J Leg Med, 2014, 128(1): 193-205.

[31] Metcalf JL, Wegener Parfrey L, Gonzalez A, et al. A microbial clock provides an accurate estimate of the postmortem interval in a mouse model system. eLife, 2013, 2(2): e01104.

[32] 张琳. 大鼠尸体细菌群落演替与 PMI 推断意义. 中南大学, 2013.

[33] Tuo Y, Huang P, Ke Y, et al. Attenuated total reflection Fourier transform infrared spectroscopic investigation of the postmortem metabolic process in rat and human kidney cortex. Appl Spectrosc, 2010, 64(3): 268-274.

[34] Xuan MG, Fu GW, Liu F, et al. The impact of gender, age and tissues in vitro on estimating postmortem interval by FTIR spectroscopy. Fayixue Zazhi, 2013, 29(1): 1-4.

[35] Ke Y, Li Y, Wang ZY. The changes of fourier transform infrared spectrum in rat brain. J Forensic Sci, 2012, 57(3): 794-798.

[36] Huang P, Tian WP, Yang GD, et al. Study on estimation of postmortem interval using FTIR in rat lung. Guangpuxue Yu Guangpu Fenxi, 2007, 27(10): 1962-1965.

[37] 黄平,王世伟,白杰,等. 应用 FTIR 光谱技术推断死亡时间. 中国法医学杂志,2011(2):104-109.

[38] Ott KH, Aranibar N, Singh B, et al. Metabonomics classifies pathways affected by bioactive compounds. Artificial neural network classification of NMR spectra of plant extracts. Phytochemistry, 2003, 62(6): 971-985.

[39] Sato T, Zaitsu K, Tsuboi K, et al. A preliminary study on postmortem interval estimation of suffocated rats by GC-MS/MS-based plasma metabolic profiling. Analyt Bioanalyt Chem, 2015, 407(13): 3659-3665.

[40] Kang Y, Park YS, Park YC, et al. UPLC/Q-TOF MS based metabolomics approach to post-mortem-interval discrimination: mass spectrometry based metabolomics approach. J Pharmaceu Investig, 2012, 42(1): 41-46.

沈忆文 复旦大学基础医学院法医学系副教授。1984 年 9 月—1990 年 7 月,就读上海医科大学临床医学系法医学专业,1995 年 9 月—1999 年 1 月,上海医科大学研究生院硕士研究生,2004 年 2 月—2009 年 6 月就读上海复旦大学研究生院博士研究生。中国法医学会法医临床学专业指导委员会委员,全国法医学教材编写委员会理事,上海市人身伤害司法鉴定专家委员会成员,上海市医疗事故鉴定专家鉴定委员会成员,上海市道路交通事故鉴定专家委员会成员。研究方向为心源性猝死机制研究、死亡时间推断、周围神经损伤预后评估。

依法治国背景下的法医病理鉴定问题

常 林

司法文明协同创新中心 / 中国政法大学教育部证据科学重点实验室

摘要：深化司法鉴定制度改革是中国共产党十八届四中全会全面推进依法治国的重要内容。但是，目前存在的尸体解剖率低，死因诊断混乱，学科发展异化、退化等法医病理鉴定问题，严重制约我国司法鉴定制度的改革以及司法鉴定统一管理制度的发展。鉴于上述问题，本文提出建立死亡行政管理制度、鉴定机构独立认证制度，开展尸体解剖大数据课题研究等法医病理统一管理制度的建议，以期为深入推进"统一健全的司法鉴定管理体制改革"提供参考。

关键词：依法治国；司法鉴定体制改革；法医病理学；尸体解剖

一、引言

随着中国共产党十八届四中全会的召开和"十三五"规划的出台，我国司法鉴定体制改革进入了关键时期。法医病理鉴定涉及死亡等重大案件的鉴定，是全面推进司法鉴定制度改革的重要内容。鉴于法医病理鉴定问题较多，且尚未形成明确的改革方案，本文针对尸体解剖率低、死因鉴定混乱以及学科发展异化、退化等问题，提出一系列改革建议，以期为深入推进"统一健全的司法鉴定管理体制改革"提供参考。

二、我国法医病理鉴定存在的问题

1. 我国尸体解剖率低

国家统计局有关数据（表 1）表明，我国近 5 年平均人口死亡率约为 7.14‰，平均每年死亡人口数约为 972 万，由于我国尸体解剖尚无公开数据，因此无法计算我国的尸体解剖率（尸体解剖率＝当年尸体解剖总数/当年死亡人口数）。但就美国的数据而言，美国 1972—2007 年尸体解剖率的变化范围为 8.5%～19.3%。如果按照 8.5%的解剖率计算，我国近 5 年需要尸体解剖的总量应超过 400 万。然而结合我国近 5 年法医病理学鉴定从业人员人数及人均尸检数量来看，我国实际的尸体解剖数量远远达不到这一数字。

表 1 中国人口总数、死亡率、死亡人口数随年份的变化（1978—2015）

年份	人口总数/万人	死亡率/‰	死亡人口数/万人
1978	96259	6.25	602
1979	97542	6.21	606
1980	98705	6.34	626
1981	100072	6.36	636
1982	101654	6.60	671
1983	103008	6.90	711
1984	104357	6.82	712
1985	105851	6.78	718
1986	107507	6.86	737
1987	109300	6.72	734
1988	111026	6.64	737
1989	112704	6.54	737
1990	114333	6.67	763
1991	115823	6.70	776
1992	117171	6.64	778
1993	118517	6.64	787
1994	119850	6.49	778
1995	121121	6.57	796
1996	122389	6.56	803
1997	123626	6.51	805
1998	124761	6.50	811
1999	125786	6.46	813
2000	126743	6.45	817
2001	127627	6.43	821

续表

年份	人口总数/万人	死亡率/‰	死亡人口数/万人
2002	128453	6.41	823
2003	129227	6.40	827
2004	129988	6.42	835
2005	130756	6.51	851
2006	131448	6.81	895
2007	132129	6.93	916
2008	132802	7.06	938
2009	133450	7.08	945
2010	134091	7.11	953
2011	134735	7.14	962
2012	135404	7.15	968
2013	136072	7.16	974
2014	136782	7.16	979
2015	137462	7.11	977

数据来源:中国国家统计局

尸体解剖率过低,主要是因为我国对法医病理尸体解剖的功能定位和认识过于局限。目前我国法医病理尸体解剖主要为刑事侦查服务、为刑事诉讼提供证据。其检验范围多限于与刑事案件有关的尸体,因此被侦查机关认定为意外事件的一般不会进入尸体解剖程序。就国外发达国家而言,其法医病理学鉴定鲜少隶属于公安系统,其职能也不限于为刑事案件服务,而是在国家行政管理的范畴,是以推动医学发展、服务整个国家为目的的必须进行的检验项目。因此,其尸体解剖的95%左右与国家行政管理密切相关,仅有5%左右与刑事案件有关。此外,许多国家还以立法形式对需要尸体检验的情形做了明确的规定。而我国香港地区较好地移植了英美法系的死因裁判官制度,其《死因裁判官条例》不仅规定了需要尸检的情形(表2),同时对尸检主体资格、尸检保障措施等问题做出了严格的规定。

表 2　香港法律 504 章《死因裁判官条例》须报告的死亡个案

1. 某人的死亡,而在医学上的死亡原因是注册医生不能在死因证明书上准确地陈述的。

2. 某人(不包括在其死亡前被诊断为已患末期疾病的人)的死亡,而该人在其死亡前的 14 日内的最后患病期间并无得到注册医生的诊治。

3. 意外或受伤(不论在何时受伤)所导致的死亡。

4. 罪行或怀疑罪行所导致的死亡。

5. 某人的死亡,而该宗死亡个案是—

(a) 麻醉药所导致的;

(b) 在他受全身麻醉药影响时发生的;或

(c) 在施用全身麻醉药后 24 小时内发生的。

6. 某人的死亡,而该宗死亡个案是—

(a) 手术(不论合法与否)所导致的;或

(b) 在大型手术(按照当时医学常规而界定的,并且不论合法与否)后 48 小时内发生的。

7. 某人的死亡,而该宗死亡个案是—

(a)《雇员补偿条例》(第 282 章)第 3 条所指的职业病或《肺尘埃沉着病(补偿)条例》(第 360 章)第 2(1)条所指的肺尘埃沉着病所导致的;或

(b) 在顾及该人死前最后患病的性质、医学上的死因以及该人为人所知的任何职业或雇用或以前的职业或雇用的性质后,可合理地相信该宗死亡个案可能是与任何该等职业或雇用有直接或间接关连的。

8. 死于胎中的个案,而—

(a) 对非活产胎儿在出生时是尚生存或已死亡存有疑问;或

(b) 怀疑若非因为任何人的故意作为或疏忽,则该宗死于胎中个案可能不会发生。

9. 某女性在以下事项发生后 30 日内死亡—

(a) 产下婴儿;

(b) 堕胎手术(不论合法与否);或

(c) 流产。

10. 某人的死亡,而该宗死亡个案—

(a) 是败血症所导致的;而

(b) 所涉的败血症的主因不明。

11. 某人的死亡,而怀疑该宗死亡个案是自杀所导致的。

12. 某人在受官方看管时死亡。

13. 某人在具有逮捕或拘留的法定权力的人履行其职责的过程中死亡。

14. 某人在政府部门的处所内死亡,而该部门的任何公职人员有法定的逮捕或羁留权力。

续表

15. 某人的死亡，而该人——

(a) 属《精神健康条例》(第 136 章)第 2 条所指的病人，且该宗死亡个案是在该条所指的精神病院内发生的；或

(b) 属根据该条例第 31 或 36 条做出的命令的标的之病人，且该宗死亡个案是在医院(上述的精神病院除外)内发生的。

16. 某人的死亡，而该宗死亡个案是在为赚取报酬或其他金钱代价而对人做出照料的处所内发生的，但如该处所是已根据《医院、疗养院及留产院登记条例》(第 165 章)登记的医院、疗养院或留产院的一部分则除外。

17. 某人的死亡，而该宗死亡个案是杀人罪行所导致的。

18. 某人的死亡，而该宗死亡个案是他人施用药物或毒药所导致的。

19. 某人的死亡，而该宗死亡个案是受虐待、饥饿或疏忽所导致的。

20. 某人在香港境外死亡，而其尸体被运入香港。

2. 我国死因诊断混乱问题

近几十年来，随着科学技术的发展，各种疾病的诊断也取得了一定的进展，但基于法医病理鉴定的特殊性，在某些情况下即使完成了系统解剖仍有可能死因不明，其案件比率基本维持在 3%～5%。然而，在我国出于维护社会稳定等政治目的和压力，实践中很少给出死因不明的诊断，因此导致了一定数量的冤假错案。

另外，我国对死亡的行政管理呈现出多主体参与、各自为政的混乱局面。所有的死亡案件依据是否涉及刑事犯罪可分为两大类。涉及刑事犯罪的，包括不能确认是否涉及刑事犯罪的死亡，均由侦查机关进行法医病理鉴定；不涉及刑事犯罪的死亡依据《全国疾病检测系统死因检测工作规范(试行)》的规定，对不同情形死亡个案进行登记管理。发生在医疗机构的死亡，依据 1992 年卫生部联合公安部、民政部发布的《关于使用<出生医学证明书><死亡医学证明书>和加强死因统计工作的通知》，由卫生部门指定的人员定期收集辖区内出生、死亡的信息，整理分析后形成报表向医疗卫生行政机构汇报。发生在家庭内或其他场所的死亡个案，依据《全国疾病检测系统死因检测工作规范(试行)》，由负责抢救的医生明确死因。进行抢救前已经死亡的，由医生根据知情人士的叙述并结合死者情况进行死因推断。死者家属、医生怀疑为非正常死亡的，交由公安机关鉴定。可见在我国，侦查机关、卫生行政部门对死亡行政管理均有管辖权，但因缺乏统一的死因诊断技术标准、程序规范，他们各行其是，且作用十分有限。

对于上述问题,国际上提出两种解决方案。首先,应明确法医病理鉴定意见的基本原则和底线,即不出错原则而并非明确意见原则。其次,应借鉴证据法学研究思路,将概率论引入法医病理鉴定中,即将结果出现的所有可能及其概率大小同时呈现在鉴定意见中。

3. 我国法医病理学发展退化、异化问题

目前,我国犯罪现场侦查学以及尸表检验技术发展较快,而传统意义上的法医病理学发展相对较慢,甚至出现了向命案现场学逐渐转变的退化、异化现象。首先,我国法医病理学应该回归到以“病理学、医学的法医学应用”为核心的发展方向,着力研究和解决学科的重点问题。以北方一氧化碳中毒死亡案件为例,通过现场调查以及尸表的检验认为是意外死亡的案件,通常不进行尸体解剖。然而,法医病理学所关注的一氧化碳血红蛋白含量与自身疾病以及环境关系的问题,一直没有得到很好的研究。其次,我国法医病理学家数量不足,且缺乏一套专门的人才培训方案,因此无法完成我国当前年均约 80 万的尸检量。此外,就死因诊断技术而言,目前仍未取得突破性进展。例如,轻微伤与猝死的死因诊断问题,急救医学对死因诊断的影响,以及虚拟解剖技术推广问题等,到目前为止仍未得到合理的解决。

三、法医病理鉴定改革意见

鉴于法医病理鉴定上述问题突出,我国应尽快建立符合国情的法医病理鉴定统一管理制度。

1. 建立死亡行政管理制度

首先,应在立法层面建立死亡行政管理制度,明确死亡行政管理的主体、法医病理鉴定的行政地位、尸体解剖法定情形等。其次,我国仍在沿用 1997 年颁布的《尸体解剖规范》,应根据科学技术的发展和实践中遇到的问题尽快进行修订,使之与死亡行政管理制度相适应。通过法医病理鉴定明确死因,是洗脱清白者的嫌疑、还死者以真相的科学途径,是社会对每一位成员足够关心的证明,是国家尊重生命的审慎态度,是依法治国的必由之路。

2. 建立法医病理鉴定机构独立认证制度及鉴定人培训制度

建立法医病理鉴定机构独立认证制度,对法医类鉴定类别中的法医病理鉴定实行统一的审核登记管理。结合法医病理鉴定特点,确立符合专业要求的条件与标准。省级司法行政部门严格按照法医病理鉴定专业条件和标准对社会鉴定机构和侦查机关设立的鉴定机构实行统一的审核登记管理,实现法医病理鉴定机构和鉴定人高标准、高质量的专业化要求。此外,还应建立法医病理鉴定人培训制度和考试准入制度等配套制度。

3. 开展尸体解剖大数据课题研究

我国还应开展尸体解剖大数据课题研究。目前,虽然国内部分医学院校尸体解剖数量较大,但主要着眼于个案研究,缺乏有效的资源整合系统来分析这些案例,从而为制定法医病理系统的技术标准提供数据支持。通过统计死亡死因,持续系统地收集尸体解剖资料,并提供准确完整的数据,可用于研究死亡水平、死亡原因及变化规律,为政府部门人口管理、制定医疗卫生事业规划等工作提供指引;也为评价人口卫生水平及社会公共卫生状况、改善医疗制度、预防类似事件发生提供关键的数据支持。死亡分析产生的居民预期寿命、孕产妇死亡率和婴儿死亡率等健康指标和死因统计信息,是反映国家和地区经济水平和文化发展状况的重要指标,对国家制定社会经济发展政策和卫生事业发展规划有重要的影响。

四、结语

法医病理鉴定制度改革是司法鉴定制度改革的重要内容。法医病理鉴定合理改革将大大减少我国冤假错案的数量,进一步促进我国司法公正和全面依法治国,同时也为我国医疗事业的发展、法医病理鉴定技术和标准的革新提供重要保障。

参考文献

[1] Hoyert DL. The changing profile of autopsied deaths in the United States, 1972—2007. NCHS Data Brief, 2011, 20(67):1.

[2] 肖学富. 英美死因确认制度及其借鉴. 西南政法大学, 2012.

常　林　中国政法大学证据科学研究院院长,教育部证据科学重点实验室副主任。兼任法大法庭科学技术鉴定研究所所长,“2011 计划”司法文明协同创新中心副主任、教授、博士生导师。《证据科学》杂志副主编,北京司法鉴定业协会会长,中国法医学会副秘书长,《中国法医学杂志》编委,中国法医学会法医临床学专业委员会副主任委员,中国刑事技术标准化委员会法医学分会副主任委员,中华医学会、北京市医学会医疗事故鉴定委员会专家库成员。

1986 年于山西医学院法医学系本科毕业，获医学学士学位；2002 年于北京大学法学院硕士研究生毕业，获法律硕士学位；1989 年 9 月—1991 年 8 月于华西医科大学法医学院进修法医病理学。

损伤时间推断研究进展

官大威

中国医科大学法医学院

摘要:本文简要介绍了法医学损伤时间推断的研究历史,总结了当前国内外损伤时间推断的研究及应用现状,提出了该领域存在的一些问题,并对未来的相关研究及实践工作提出了几点建议。

关键词:法医学;损伤;损伤时间推断

一、损伤时间推断的研究历史

20 世纪 30 年代,德国学者 Walcher[1] 和 Orsos[2] 基于实际工作经验,首次提出损伤时间推断在法医学鉴定中的重要性。当时对损伤时间的判定依据主要是损伤后的大体形态及组织学所见,缺乏客观的科学依据。20 世纪 60 年代以后,芬兰法医学家 Raekallio[3,4] 开始通过酶组织化学的方法检测皮肤创口中活性酶(三磷酸腺苷酶、酯酶、酸性磷酸酶、碱性磷酸酶等)的表达,为损伤时间推断寻找客观的生物学证据。20 世纪 60 年代末、70 年代初,德国学者 Berg[5,6] 用荧光分光法检测了皮肤创口中 5-羟色胺和组胺的表达,并认定其为判断生前损伤的重要生物学依据。70 年代末期,德国学者 Eisenmenger[7] 和 Oehmichen[8] 对脑损伤后组织形态和生化改变进行了探讨,将损伤时间推断的研究开拓至脑损伤领域。

20 世纪 80 年代末期,随着免疫组化技术的快速发展,Eisenmenger[9] 和 Oehmichen[10] 将此技术应用到法医学领域,为损伤时间推断的研究掀开了新的篇章。此后的 10 多年时间内,大批学者通过探索损伤后多种活性细胞和调节介质的动态表达规律,为推动损伤时间推断研究做出了巨大的贡献。自 20 世纪 90 年代末期以来,随着生物学技术的不断进步,原位杂交技术(ISH)、免疫印迹(WB)、酶联免疫吸附(ELISA)、定量 RT-RCR(qRT-PCR)和多重免疫光标记等技术也相继被应用到该领域,推动了法医学损伤时间推断相关研究的进一步发展。

二、损伤时间推断的国际及国内研究现状

以“wound age”“injury age”“wound vitality”为关键词在 Pubmed 中检索，汇总后得到全文收录文献 141 篇，时间跨度为 1985—2015 年。文章主要发表在 *Int J Legal Med*（69 篇）、*Forensic Sci Int*（33 篇）和 *Legal Med*（12 篇）这三个法医学专业期刊上。发表文章数量排名前三的国家是德国（48 篇）、日本（35 篇）和中国（23 篇）。研究主要集中于皮肤和脑损伤领域，所占比例分别为 71.9%和 15.1%（图 1）；骨骼肌占比 5.8%；其他包括肺损伤时间、骨折发生时间及血栓形成时间的研究等，占比 7.2%。

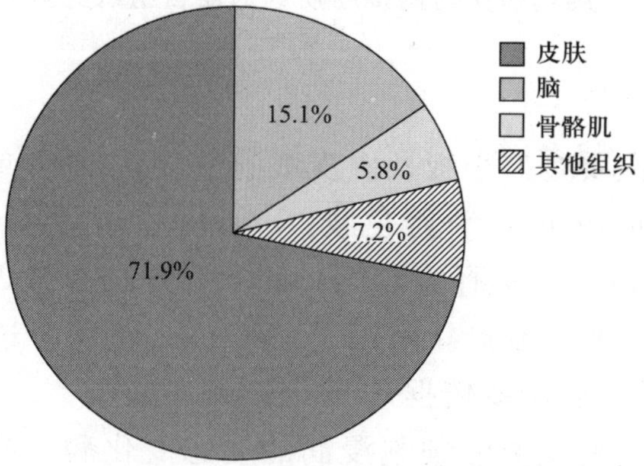

图 1 国际上损伤时间推断研究的器官组织类型分布

国内研究方面，以“损伤时间”“损伤经过时间”为关键词在 CNKI 的中国学术期刊网络出版总库内检索，汇总后得到相关文献 296 篇。半数以上发表于《中国法医学杂志》（101 篇）和《法医学杂志》（83 篇），其他的主要发表于高等院校的学报及刑事技术相关的杂志等。文章的作者主要来自开展法医学专业教育的高等院校。296 篇文献中，236 篇是论著，其他包括综述和个别案例报道。对这 236 篇论著进行分析，发现国内研究主要集中于脑和皮肤领域（图 2），所占比例分别为 42.7%和 40.5%；骨骼肌占比 7.7%；其他包括肺、肝、脾等，共占 9.1%。

损伤时间推断研究的核心内容是探讨损伤所激发的机体一系列修复性生物学进程的变化规律及相关调节因子的动态表达规律，对其进行总结后再应用于损伤时间推断的法医学实践工作。多种类型的组织损伤修复过程，在早期炎症反应及后期纤维化发展方面具有相似性。不同之处主要在于组织固有的实质细胞应对损伤的一些特异性改变，如皮肤损伤中角质细胞的激活、增殖和分化；脑损伤中神经元的嗜色性改变，神经胶质细胞的激活、增殖；以及骨骼肌损伤后肌卫星细胞的激活、增殖和分化等。以下对国内外损伤时间推断相关研究的指标

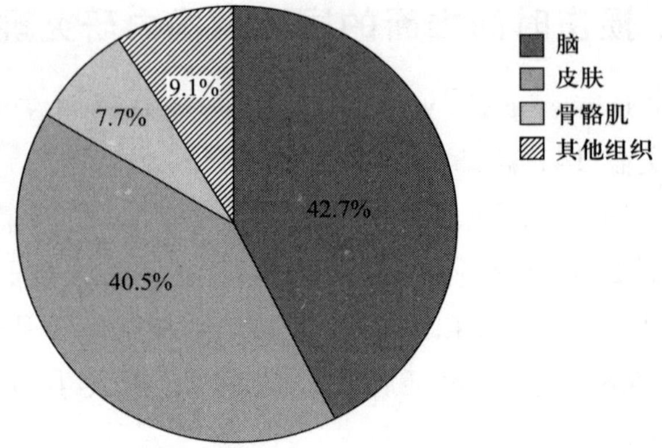

图 2　国内损伤时间推断研究的器官组织类型分布

进行简要归纳。

(1) 凝血阶段:主要是血小板及内皮细胞激活后,释放或者表达增强的一些活性物质,如组胺(histamine)、5-羟色胺(serotonin)、血小板激活因子(PAF)、纤维连接蛋白(fibronectin)、P 选择素(P-selectin)、E 选择素(E-selectin)、细胞间黏附因子(ICAM-1)、血管细胞黏附因子(VCAM-1)等。这些早期表达指标也是区分生前伤与死后伤的重要依据。

(2) 炎症阶段:主要是炎症细胞浸润的动态变化和一些细胞因子的时间表达规律。包括中性粒细胞标记物(MPO、CD15),巨噬细胞标记物(CD68、F4/80),淋巴细胞标记物(CD4、CD8),以及相关的趋化因子(IL-8、MCP-1、MIP-1),炎症因子(IL-1、IL-6、TNF-α、IFN-γ),生长因子(VEGF、bFGF、TGF-α/β)。

(3) 增殖阶段:主要是组织固有的干细胞、成纤维细胞及血管内皮细胞等实质或间质细胞的增殖、分化指标。包括增殖指标(Ki67、PCNA),分化指标[皮肤中角蛋白 1,10、脑中胶质细胞原纤维酸性蛋白(GFAP)、骨骼肌中肌细胞生成蛋白(myogenin)]及增殖阶段后期凋亡指标(Bax、Bcl-2、caspase3,6,7,8,9)等。还包括增殖阶段参与细胞外基质重建的生腱蛋白(tenascin)、弹性蛋白(elastin)、胶原蛋白(collagen I、III)等。

(4) 重塑阶段:主要是在细胞外基质成分降解及重建过程中发挥重要作用的基质金属蛋白酶(MMPs)和胶原蛋白 I 的表达,以及损伤长时间以后随着淋巴管重建其特异性标记物 D2-40 和平足蛋白(podoplanin)的表达变化。

此外,还包括一些在损伤愈合过程中发挥重要调控作用的受体蛋白(TLRs、CBRs、α7nAChR),水通道蛋白(AQPs),转录因子(c-Fos、c-Jun、NF-κB、Nrf1/2)以及 Fas/Fas L、PI3K/AKT 和 MAPK/ERK 信号通路相关蛋白的表达等。

三、损伤时间推断的应用

损伤时间推断是法医学实践工作中的一个难点。经过大量的实验研究并已形成相对成熟的评价体系，在一定程度上能够指导法医学实践的主要有以下几个方面。

1. *皮肤损伤*

皮肤损伤时间推断的研究开展得最早，研究内容相对全面。目前国际上比较认可的可用于鉴别损伤数分钟至数十分钟、数小时及数天的指标分别如表1、表2及表3所示[11,12]。检测这些指标的表达变化对进行皮肤损伤时间的推断具有良好的指导意义。但是需要注意的是，这些结果主要是基于人体皮肤切创的研究得到的，其在其他类型损伤（如挫伤、挫裂创、烧伤、烫伤等）中的时间表达规律有待进一步的研究和补充。

表1 损伤时间在数分钟至数十分钟的指标

指标	表达部位及程度	损伤时间
5-羟色胺	创缘及损伤周边区	<5 min
纤维蛋白	创缘及损伤周边区	数分钟，死后伤也出现
纤维连接蛋白	创缘及损伤周边区	>20 min，死后伤也出现
P 选择素	创缘及损伤周边区	1~3 min，高峰 10~15 min
E 选择素	创缘及损伤周边区	5~10 min，高峰 4~6 min
TNF-α	损伤区浆细胞表达	5 min，高峰 1 h
中性粒细胞	出血伴少量出现	>15 min
IL-1β	表皮角质细胞中表达	>15~20 min
TNF-α	表皮角质细胞中表达	>15 min，高峰 60~90 min
IL-6	表皮角质细胞中表达	20 min，高峰 60~90 min

表2 损伤时间在数小时的指标

指标	表达部位及程度	损伤时间
ATP 酶	创缘及损伤周边区	>1~4 h
酯酶	创缘及损伤周边区	>2 h
酸性磷酸酶	创缘及损伤周边区	>2~6 h

续表

指标	表达部位及程度	损伤时间
碱性磷酸酶	创缘及损伤周边区	>3.5~8 h
氨肽酶	创缘及损伤周边区	>4 h
琥珀酸脱氢酶	创缘及损伤周边区	>4 h
乳酸脱氢酶	创缘及损伤周边区	>4 h
葡萄糖-6-磷酸脱氢酶	创缘及损伤周边区	>4 h
ICAM-1	血管内皮细胞	1.5 h,3.5 d(双峰)
VCAM-1	血管内皮细胞	>3 h,高峰 4~6 h
抗类胰蛋白酶,糜蛋白酶	浆细胞阳性	高峰,1~3 h
抗 27E10	巨噬细胞阳性	2~3 h
IL-1α	中性粒细胞阳性显著	4~24 h,高峰 7 h
泛素	中性粒细胞阳性	4~24 h
IL-8,MCP-1,MIP-α	中性粒细胞阳性	4~12 h
RNA(3H-citidine 标记)	基底细胞阳性	10~24 h

表 3 损伤时间在数天的指标

指标	损伤时间
SCF 阳性肥大细胞	高峰期,1 d
缺乏噬红细胞	<2~3 d
缺乏巨噬细胞	<3 d
成纤维细胞 P53 阳性	>3 d
CD45/Col I 阳性纤维细胞	>4 d
α-SMA 阳性肌成纤维细胞	3~5 d
缺乏 Ki67 阳性的成纤维细胞	<6 d
巨噬细胞抗 RM3/1 阳性	6 d
角质细胞迁移层	>7 d
巨噬细胞抗 25F9 阳性	11 d

续表

指标	损伤时间
角质细胞角蛋白 5 阴性	<15 d
肥大细胞 Kit 受体阳性	高峰,14 d
胶原蛋白 Ⅲ、Ⅳ	>4 d
缺乏胶原蛋白 Ⅲ	<5 d
缺乏胶原蛋白Ⅴ	<6 d
缺乏胶原蛋白Ⅰ、Ⅵ	<6~7 d
胶原蛋白Ⅰ、Ⅲ、Ⅴ、Ⅵ同时表达	>7 d

2. *硬膜下血肿*

硬膜下血肿的损伤时间推断是在法医学实践中经常遇到的问题,多见于头部受到间隔一定时间的两次打击后造成颅脑损伤而死亡的案例。在对硬膜下血肿形成时间进行推断的法医学实践中,目前比较成熟的评价体系是由 Van den Bos[13] 于 2014 年在《国际法医学杂志》上发文阐述的。他在 Munro[14] 和 Walter[15] 等研究的基础上,对 64 例已知真实损伤时间的蛛网膜下腔出血标本进行了研究,通过评价出血、炎症细胞浸润、血管新生、假膜形成及纤维化等一系列形态学变化,提出了该评价体系(表 4),对硬膜下血肿的损伤时间推断具有很高的指导意义。

表 4 硬膜下血肿的损伤时间评价指标

指标	相关报道	损伤时间
蛛网膜下腔出血(流动性)	伤后即有	0~24 h (<12 h)
新鲜红细胞(原发性蛛网膜下腔出血)		0 h~12 d
硬脑膜及蛛网膜侧纤维蛋白	数小时至半天	3 h~14 d
粒细胞		2 h~45 d (<10 d)
淋巴细胞(CD45)		6 h~12 d
红细胞结构或轮廓消失		10 h
巨噬细胞(CD68)	半天至1天	12 h~9 d (>1 d)
成纤维细胞进入凝血块		15 h~12 d (>7 d)

续表

指标	相关报道	损伤时间
红细胞被吞噬(原发性蛛网膜下腔出血)		15 h~10 d
硬脑膜侧噬铁细胞(Perl's 铁染色)	1 至数天(<1 周)	16 h~30 d (>4 d)
成血管细胞巢 (CD34)		15 h (>2 d)
细胞核碎裂		21 h~14 d
红细胞溶解		3~7 d
红细胞苍白		4 d (6~8 d)
自由铁 (Perl's 铁染色)		4 d
毛细血管增生	1 周左右	5 d
假膜厚度小于硬脑膜厚度一半		7 d
凝血块中成纤维细胞条带		7 d
开始胶原化 (EvG 染色)		7 d
内、外假膜无分隔		7 (>55 d)
大的毛细血管		7~120 d
中等大小的薄壁血管	1~2 周	8 d
胆红素		9 d(<100 d)
噬铁细胞存在于整个假膜(Perl's 铁染色)		10 d
假膜纤维化		10 d
假膜厚度与硬脑膜厚度相当	2 周开始	14 d
再出血		19 d
假膜透明化 (EvG 染色)	1 个月以上	27 d

3. *迟发型脾破裂*

迟发型脾破裂的损伤时间鉴定是法医学鉴定工作中的一个重要内容,主要见于脾区遭受间隔一定时间的两次打击后,因脾破裂而行脾切除术,或因脾破裂导致失血性休克而死亡的案例。目前国内外关于此方面的研究相对较少。2014年万阳等[16]在《临床与实验病理学杂志》上发表了一篇具有较强参考意义的文章。他们将118例已知破裂时间的脾组织按损伤时间分组,评价了出血渗出、炎症细胞浸润、肉芽组织形成及瘢痕沉积等形态学表现的时间规律(表5),并结合

MPO、CD68 和 α-SMA 免疫组化染色，测定中性粒细胞、巨噬细胞及肌成纤维细胞的动态变化规律，为迟发型脾破裂的法医学鉴定和深入研究奠定了良好的基础。

表 5 人脾破裂出血边缘区基本病理变化

损伤时间	病理变化
0～6 h	出血，损伤局部炎症不明显
6～12 h	出血区出现较明显纤维素渗出带，出血区周围以中性粒细胞为主的白细胞聚集
12～24 h	损伤外周区大量中性粒细胞浸润
1～2 d	损伤外周区中性粒细胞浸润较多，可见单核巨噬细胞在纤维素带内出现
2～3 d	在纤维素带附近可见成纤维细胞出现，单核细胞浸润增多，并开始自纤维素带向损伤中央区移行分布
3～5 d	自纤维素带向损伤中央区逐渐形成肉芽组织，大量巨噬细胞和成纤维细胞出现
5～10 d	出血区周围成纤维细胞增多，胶原纤维开始形成
10～14 d	肉芽组织成熟，向瘢痕组织过渡，炎症反应基本消失

四、存在的问题

通过分析国内外损伤时间推断的研究现状，结合法医学实践中的问题，笔者认为目前我们在损伤时间推断的研究和应用中主要存在以下几个问题。

首先，一些客观因素限制了损伤时间推断研究的发展。在法医学实践中，需要进行损伤时间推断的器官组织种类、结构及分布具有较大的差异性，损伤愈合进程差异较大。同一种器官组织，损伤类型不同时（例如皮肤损伤中的擦伤、挫伤、挫裂创、切创、烧伤、烫伤等），其损伤愈合进程差异也较大。即使同一种器官组织的相同损伤类型中，损伤程度的差异又会造成损伤愈合进程的不同步。这些差异最终导致投入大量人力及物力后所得到的研究结果仅适用于某种特定组织中特定损伤类型，并且对损伤程度相似的损伤进行损伤时间推断，研究结果的适用性不强。此外，多种体内外因素，如年龄、体质、健康状况、有无药物干预、是否伴发感染等，以及自溶、腐败等多种死后变化，均可对检验结果造成较大的影响，导致鉴定结果的稳定性不高。

其次，一些主观因素也限制了损伤时间推断研究的发展。从国际范围来看，相关研究主要集中于脑和皮肤，对其他组织器官的研究较少。具体的损伤类型也主要局限于皮肤切创、脑挫伤等，存在研究不均衡的现象。从国内范围来看，通过对比德、日、中三国在国际上发表的论著类文章，并分析国内的相关论著，不难发现在我国的研究中基础性实验研究所占比例偏高（图 3），而更具有实际应用价值的人体标本相关的实验研究偏少。在所进行的基础性实验中，损伤模型建立标准也不尽统一，实验结果可比性不强，并且，所研究的指标绝大多数未验证死后变化对其造成的影响，难以确定是否可应用于法医学实践。另外，我国开展相关研究的机构主要集中于高等院校，虽然公安系统中从事法医学工作的专业技术人员所占比重最大，但开展的科学研究相对较少，并且不重视基础性研究。同时，缺乏高校间及高校与鉴定实践部门间的科研协作，从研究到实践的成果转化很少。

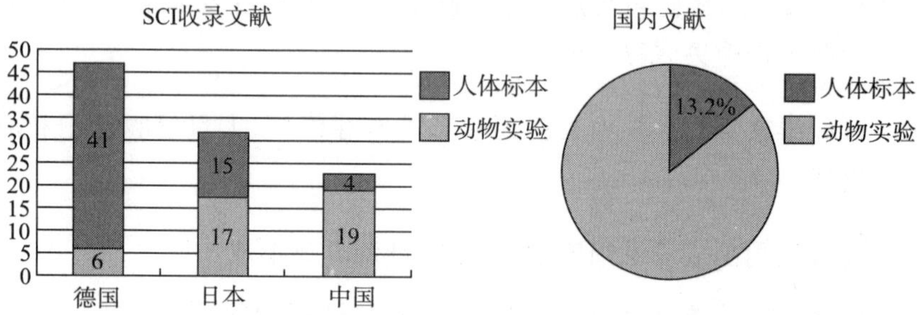

图 3　国内外损伤时间推断论著中人体标本使用情况

五、展望

展望未来，对损伤时间推断的相关研究工作提出以下几点建议。首先，应对现有国内外损伤时间推断相关研究中所应用的各种指标，按照器官组织类型、损伤类型以及所检测的指标类型等分类汇总，进行大数据分析，筛选出随时间变化显著、灵敏度高、稳定性好的指标，作为未来研究及实践应用的重点发展方向。第二，在基础研究方面，进一步提升研究水平，通过对损伤愈合机制的深入研究寻找出更适合应用于损伤时间推断的特异性指标。第三，建议在将来的研究中能更多地使用人体组织标本，对经过数据分析筛选出的，或研究新发现的指标进行验证，以提升研究结果的实用意义。最后，希望各大高校间及高校与公安一线部门之间多开展一些协作性研究，在研究不断深入的基础上加快成果转化，以便更好地服务于法医学实践。

参考文献

[1] Walcher K. Uber vitale Reaktionen. Dtsch Z Gesamte Gerichtl Med,1930,15:16-57.

[2] Orsos F. Die vitalen Reaktionen und ihre gerichtsmedizi-nische Bedeutung. Beitr Pathol Anat,1935,95:163-241.

[3] Raekallio J. Enzymes histochemically demonstrable in the earliest phase of wound healing. Nature,1960,188:234-235.

[4] Raekallio J. Determination of the age of wounds by histochemical and biochemical methods. Forensic Sci,1972,1(1):3-16.

[5] Berg S,Ditt J,Friedrich D,et al. Moglichkeiten der biochemischen Wundaltersbestimmung. Dtsch Z Gerichtl Med,1968,63:183-198.

[6] Berg S,Bonte W. Praktische Erfahrungen mit der biochemischen Wundaltersbestimmung. Beitr Gerichtl Med,1971,28:108-114.

[7] Eisenmenger W,Gilg P,Diem G,et al. Histological and histochemical age determination of closed cerebral cortex injuries.Beitr Gerichtl Med,1978,36:281-289.

[8] Oehmichen M,Raff G. Time-dependent histomorphological changes of cortical contusion areas following brain concussion. Beitr Gerichtl Med,1978,36:291-294.

[9] Eisenmenger W,Nerlich A,Gluck D. Die Bedeutung des Kollagens Bei der Wundaltersbestimmung. Z Rechtsmed,1988,100:79-100.

[10] Oehmichen M.Die Wundheilung. Berlin:Springer,1990.

[11] Oehmichen M. Vitality and time course of wounds. Forensic Sci Int,2004,144(2-3):221-231.

[12] Kondo T. Timing of skin wounds. Legal Med,2007,9(2):109-114.

[13] van den Bos D,Zomer S,Kubat B. Dare to date:age estimation of subdural hematomas,literature,and case analysis. Int J Legal Med,2014,128(4):631-640.

[14] Munro D,Merritt HH. Surgical pathology of subdural hematoma,based on a study of one hundred and five cases. Arch Neurol Psychiatr,1936,35:64-78.

[15] Walter T,Meissner C,Oehmichen M. Pathomorphological staging of subdural hemorrhages: statistical analysis of posttraumatic histomorphological alterations.Legal Med,2009,11:S56-S62

[16] 万阳,孟刚,杨苗苗,等. 形态学指标测量与人脾破裂损伤时间推断的观察. 临床与实验病理学杂志,2014(02):180-184.

官大威　1963年出生于黑龙江齐齐哈尔市，医学博士，教授，博士研究生导师，现任中国医科大学法医学院院长、法医司法鉴定中心主任。

兼任中国法医学会常务理事、法医病理学专业委员会副主任委员，《中国法医学杂志》副主编兼英文编审，《法医学杂志》编委，中华医学会、辽宁省及沈阳市医学会医疗事故技术鉴定专家库成员，中华医学会预防接种异常反应诊断专家库成员，辽宁省法医学会副理事长，辽宁省司法鉴定协会常务副会长，沈阳市司法鉴定协会会长等。

曾在日本金泽大学医学部做博士后研究，并在美国Duke大学进修学习。主要从事器官组织损伤愈合机制及损伤时间推断等方面的研究。先后承担国家自然科学基金、教育部高等学校博士学科点专项科研基金及其他省部级课题10余项。在国际及国内专业学术期刊发表论文140余篇，其中SCI期刊收录30余篇。作为主编、副主编及编者参加编写法医学专业国家级规划教材及学术著作18部。曾获辽宁省“百千万人才工程”百层次人才、辽宁省普通高校优秀青年骨干教师、辽宁省教学名师等称号。

"转化法医学"——食品货架期预测在法医死亡时间推断中的研究

莫耀南

河南科技大学法医学院

摘要:死亡时间推断是法医病理学研究的热点和难点问题。本实验借鉴食品货架期预测肉类新鲜程度的研究方法,旨在获得法医死亡时间推断研究的新思路。与肉类新鲜度研究相比,尸体腐败程度关注的时间更长。本研究选取肉类新鲜度检测的敏感指标肌肉电导率和挥发性盐基氮,检测了不同保存温度下大鼠死后肌肉电导率和挥发性盐基氮的改变,分析了两指标与死亡时间的关系及两指标之间的相关性。结果表明,大鼠死后肌肉电导率、挥发性盐基氮随死亡时间变化显示一定的规律性。以28℃为例,死后1天内电导率、挥发性盐基氮变化均不明显;第2—4天,两指标迅速增大;第5天以后,两指标增速变慢。两指标呈线性正相关,且二者的变化规律与腐败进程大致一致。初步研究提示,测定肌肉电导率具有准确、快速、简便的特点,对于现场死亡时间推断有一定的潜在价值。

关键词:转化法医学;法医病理学;死亡时间推断;肌肉电导率;挥发性盐基氮

一、引言

近几十年来,随着各种精密仪器的发明和使用,法医学者对于死亡时间推断的研究方法[1-3]也相应有了更多的选择,如光谱技术、PCR 技术等。通过 PubMed 和中国知网,对国内外死亡时间有关的研究进行检索,粗略提示,从 20 世纪 80 年代初到目前,国外有关死亡时间的论著的数量由几十篇增加到了 100 余篇,而我国则由几篇增加到 60 篇左右。由此得出以下两条结论:死亡时间研究的热度继续加大;准确推断死亡时间的难度依然很大。

随着"转化法医学"思路的渗透,借鉴其他学科的成熟技术成果来研究解决法医学有关问题是一个重要的思路。目前食品科学对于肉类品质的研究已经有近百年的历史，已找出可用于评价肉类新鲜程度和货架期的指标[4]，其中最重要的指标是挥发性盐基氮、电导率等。然而，法医学与食品科学二者的研究对象有一定的差异，如离体与在体的差异、存放环境温度的差异、腐败程度大小差异等。具体来讲，食品科学的研究对象多为肉眼无法分辨新鲜程度的肉类样本；而法医学研究的对象可以是新鲜的尸体，亦可以是高度腐败的尸体。因此，我们在注重思路“转”的同时，也要注重方法的“改进”或“变化”，使之与法医学尸体研究相适应。

因此，本实验首先建立了尸体肌肉电导率和挥发性盐基氮的测定方法。在此基础上，重点研究肌肉浸渍液电导率在死亡时间推断的价值；而实验中测定挥发性盐基氮，目的是将其作为肌肉电导率的对照指标，从而增加电导率结果的可信性。

二、材料和方法

将大鼠杀死后放入泡沫箱内，用透气薄丝绸封住箱口阻止蝇虫干扰。将泡沫箱分别放在 19℃、25℃和 28℃环境下培养，从死后 0—10 天，一共分 11 组。分别于不同的死后时间，提取一组大鼠，取后肢肌肉，并制备肌肉浸渍液，液体过滤，滤液用于电导率和挥发性盐基氮的测定。电导率采用电导率仪直接测定，即将电导率仪电极插入液面以下，当电导率示数稳定后，即为肌肉浸渍液电导率值。挥发性盐基氮采用电导滴定法测定，即采用凯氏定氮装置蒸馏，利用滴定终点前后电导率的变化来确定终点。最后，对上述测得的数据进行统计学分析。

三、结果与讨论

首先，在 19℃、25℃和 28℃环境下，大鼠肌肉浸渍液电导率、挥发性盐基氮随死后时间呈现阶段性变化规律。以 28℃为例，死后第 1 天内电导率、挥发性盐基氮变化均不明显；死后第 2—4 天，两指标迅速增大；死后第 5 天及以后，两指标增速变慢。这一结果与我们实践中所观察到的尸体腐败变化规律基本一致。其次，三个温度组中，电导率与挥发性盐基氮两指标均呈高度线性正相关。

上述结果说明，肌肉电导率、挥发性盐基氮与死亡时间存在一定的关系，而这种关系在尸体腐败后更加明显。加之，电导率测定方法本身快速、准确、简便，因此，肌肉电导率对于测定腐败尸体的死亡时间具有潜在的价值。然而，尸体的死后变化是一个复杂的过程，受内外因素的影响较多。国外学者认为，温度对这一变化过程的影响最大，占 80%左右；其他影响因素约占 20%。近几十年来，国内外研究学者试图找到一个简便、稳定且只受时间影响的指标，但到目前为止尚未找到令人满意的结果。我们认为肌肉电导率测定方法简便、准确、快速，为法医死亡时间推断提供了一个新的较为实用的方法。除此之外，我们还初步研究了浸渍液的 pH、菌落总数两指标的改变，但与电导率相比，其与死亡时间的相关性较差，本文不做进一步说明。

当前，我们测定肌肉电导率采用的是浸渍液电导率法，即将肌肉与蒸馏水按照一定比例制成匀浆。我们下一个目标是制作一种针型电导率仪器，用以满足直接插入肌肉内部快速测定电导率的目的。在此基础上，收集大量人体数据，并用于现场死亡时间的粗略推断。

参考文献

[1] 马剑龙，陈龙. 死亡时间推断的方法学研究进展. 中国法医学杂志，2015，30(5)：478-481.

[2] 潘晖，张恒，吕叶辉，等. 不同温度下大鼠皮肤 5 种 RNA 指标与 PMI 的相关性. 法医学杂志，2014，30(4)：245-249.

[3] 王勇，杨雅丽，王晶，等. 大鼠死后骨骼肌 DNA 降解规律与晚期死亡时间的关系. 中国法医学杂志，2015，30(4)：354-357.

[4] 上海市食品卫生监督检验所. 肉与肉制品卫生标准的分析方法，2003.

莫耀南 1963 年出生，医学博士，教授，河南科技大学法医学院院长、司法鉴定中心主任，国家司法鉴定人。兼任中国法医学会理事，教育部法医学专业教育指导委员会委员，国家规划教材编审委员会委员，河南省司法鉴定人协会常务理事、副秘书长，河南省法医学会副会长，河南省司法鉴定研究会副会长。实验室和检查机构认证认可国家级评审员，全国司法鉴定先进个人。

长期致力于司法鉴定工作，在法医病理学死因、死亡方式、死亡时间领域有较深入的研究。获河南省科技进步奖二等奖、三等奖各 1 项。主编学术著作 2 部，参编国家“十五”“十一五”规划教材 3 部，其中副主编 1 部。

法医毒物学领域研究热点及展望

廖林川

四川大学华西基础医学与法医学院

摘要:近年来,随着科学技术的进步,法医毒物学得到了迅猛发展。本文简述了法医毒物学领域的研究热点,主要包括新的分析方法的开发和优化,药物基因组学、蛋白质组学、代谢组学等组学技术在法医毒物学的应用。同时提出了药物毒性机制研究的新思路。

关键词:法医毒物学;研究热点;展望

一、引言

法医毒物学是运用现代科学技术对体内、外毒药物进行分析和评判,为刑事侦查提供技术服务、为法律诉讼提供证据证明的综合性、应用性学科[1]。伴随着迅猛发展的分析技术,法医毒物学也取得了长足的进展。各种高灵敏度、高通量的分析方法的建立,为法医鉴定工作的科学性、有效性提供了保障;新型生物检材的应用,使得鉴定工作有了更广阔的施展空间。而法医毒物学的发展不只局限于应用技术的创新,更多深入的药毒物研究也不断进展。随着组学技术的快速发展,基因组学、蛋白质组学、代谢组学为法医毒物工作者全面性地认识药毒物作用机制提供了新的思路。以下就现阶段法医毒物学领域的研究热点进行简要概述。

二、分析方法的开发与优化

药毒物的鉴定、筛选一直是法医毒物学领域工作的重点和难点,主要包括目标物的鉴定、疑似物的筛选和未知物的筛查。随着现代仪器的不断发展以及分析技术的不断更新,药毒物分析方法的开发和优化一直是研究的热点。未知毒物筛查是法医毒物鉴定的重要内容,所涉及的药毒物种类繁多、性质各异,以往的检测方法难以快速、灵敏地进行系统全面的筛查;而高分辨率检测技术的发展,使之有了新的转机。比如随着各种新型质谱技术的开发,以飞行时间质谱技术(TOF-MS)和轨道阱傅里叶变换质谱技术(Orbitrap-MS) 为主的高分辨率质谱技术,成为当前未知药毒物筛选技术的重要手段[2]。如 Castro 等[3]利用 ISCID LC /TOF-MS 来精确测量质子化的分子、同位素以及保留时间等参数筛查了 431 种化合物;Dresen 等[4]利用 LC-Q TRAP ® LC-MS/MS 建立了 1250 种滥用药物及其代谢物的串联质谱谱库,采用 MRM 扫描模式比对检索功能,建立了生物体液中 700 种毒物及其代谢物快速筛查与识别方法。高通量、快速的未知毒物筛查技术的开发对法医毒物鉴定意义重大。

除了传统的生物检材,如血液、尿液、组织器官等,各种新型生物检材中药毒物鉴定方法也层出不穷。如 Maublanc 等[5]开发了头发中 35 种精神活性药物及其代谢物的检测方法,毛发具有检出时限长、低创、可反映用药史或涉毒史等特点,在涉毒案件的追溯领域已显示出优势,并且具有广阔的应用前景。与毛发相似,指甲属于富角蛋白检材,具有类似的特点,陈航等[6]率先开展了指甲对摄毒史的反映能力的基础研究。干血点(dried blood spot,DBS)是近来兴起的体液替代检材,多用于药代动力学研究,也逐渐应用于法医毒物检验[7]。口腔液、骨髓和关节腔液等生物检材也逐渐被毒物分析工作者所利用[8-10]。针对多元化的生物检材,各种前处理技术也应运而生,如分散液相微萃取技术(dispersive liquid-liquid microextraction,DLLME)、微波辅助提取法(microwave assisted extraction, MAE)等。

三、组学技术在法医毒物学领域的应用

1. 药物基因组学

药物基因组学(pharmacogenomics)是从基因水平研究基因多态性与药物效应之间的关系。药物在体内的代谢和效用与个体的遗传因素密切相关,一般来说,个体差异的 15%~30%由遗传因素决定,但对于个别药物遗传因素的影响可高达 95%,相同用药剂量的不同个体(体重相同)血浆药物浓度的差异可高达 600 倍[11,12]。在法医毒物学实践中,毒物鉴定结果在死亡原因的判断和药物影响下行为的评价中起至关重要的作用。药毒物代谢和效应之间的个体差异可能导致药物的“治疗量”和“中毒量”界限不明,从而影响检验结果的判断和评价。药物基因组学在法医毒物学中的应用被称为是“分子解剖学”,适当地将药物基因组学应用于法医毒物学,将为法医毒物学研究提供新的思路和新的评判指标。正如临床医学追求“精准医学”“个体化治疗”,法医毒物学也应向“精准鉴定”和“个体化评价”的方向努力。与药物代谢酶、药物转运蛋白、药物靶点等相关的基因都是可研究的基因对象,其中人体主要的代谢酶相关基因细胞色素 P450 基因得到了广泛的研究[13-15]。例如研究表明,CYP2D6、CYP1A2 以及 CYP3A4/5 是抗精神病类药物代谢的主要相关酶,其中 CYP2D6 基因型与药物的不良反应

具有显著的相关性，不同基因型个体对这类药物的不良反应个体间差异显著[15]。本团队在该领域也进行了初步探索，研究了乙醛脱氢酶2(ALDH2)基因型与酒后生理指标和驾驶能力的相关性。实验发现，ALDH2基因野生型与突变型个体在乙醇代谢以及饮酒后反应性和记忆的有关指标上有显著差异，这将为准确评价个体酒后驾驶能力提供依据。

2. 蛋白质组学

蛋白质组(proteome)最早由澳大利亚科学家 Wilkins 和 Williams 于1994年提出[16]。蛋白质组学(proteomics)是指采用双向凝胶进行电泳分离以及质谱等技术鉴定蛋白质，并以生物信息学方法建立相关数据库来研究某一基因组表达的所有蛋白质以及蛋白质之间相互作用的科学。在生物医学研究领域，蛋白质在不同的生理病理条件下差异表达，可以揭示潜在的分子病理机制，为疾病诊断、新药靶点治疗开发等研究开辟了新的路径并取得了许多成果。法医毒物学除了日常鉴定工作中各种检测分析方法的应用，对各种药毒物毒性机制探究也意义非凡，如对滥用药物成瘾机制等的研究。蛋白质组学技术能够全局性地分析物质依赖所导致的蛋白质层面的变化，为阐明药物依赖的机制提供了前所未有的机遇。早在2005年 Bodzon-Kulakowska 等[17]提出了"morphinome"，即吗啡组学的概念，确定了蛋白质组学在研究吗啡依赖并揭示其特殊分子机制的重要性和前景。如今，差异蛋白质组学技术已逐渐应用于可卡因、尼古丁、海洛因、安非他明等依赖性药物诱导下表达量改变的关键性蛋白的鉴定，并获得许多富有意义的结果，这将有助于进一步阐明药物依赖的机制、发现药物依赖诊断和治疗相关的标记物[18-20]。

3. 代谢组学

代谢组学(metabonomics)是在20世纪90年代后期继基因组学和蛋白质组学之后发展起来的一门新学科。该学科以生物样本中所有相对分子质量小于1000 Da 的糖类、脂类、氨基酸、核苷酸等小分子代谢物为研究对象，主要以核磁共振和色谱-质谱联用技术为检测平台，通过多元统计学和化学计量学的数据分析方法，揭示代谢组与生物体病理生理变化的相关性。Fiehn 等[21]将代谢组学按照研究目的的不同分为四个层次，即代谢物靶标的分析、代谢物轮廓的分析、代谢组学分析和代谢指纹分析。不同于基因组学，转录组学和蛋白质组学是生物聚合物编码的信息，代谢产物是一种化学实体，具有庞大的多样性，不是由细胞内信号传导引起的，而是机体对环境产生的反应，在酶的作用下产生的一系列化学反应转变得来。代谢组学在法医毒物学研究领域的应用日益增多，表1列举了近五年用代谢组学方法研究滥用药物作用的部分研究，涉及的滥用物质包括甲基苯丙胺、吗啡、可卡因、大麻等；样本种类包括血浆、尿液和大脑，甚至大脑部分核团；检测平台有核磁共振（NMR）、GC/MS、LC/MS 等。

表 1 滥用物质的代谢组学研究

出版时间	毒品种类	给药方式	检材种类	检测方法	文献
2011 年	甲基苯丙胺	急性给药	血浆、尿液	GC/MS，CE/MS/MS	Shima[22]
2012 年	吗啡	慢性给药（成瘾）	脑组织	GC/MS	Meng[23]
	可卡因	急性或慢性给药	伏隔核、纹状体	NMR	Li[24]
2013 年	可卡因	急性给药	前额叶皮质、纹状体、丘脑	LC/MS	Shi[25]
2014 年	甲基苯丙胺	急性给药、戒断	血浆、尿液	GC/MS	Zheng[26]
2015 年	合成大麻	急性给药	大脑	GC/MS/MS	Zaitsu[27]

GC/MS，气相色谱/质谱；CE/MS/MS，毛细管电泳/质谱/质谱；NMR，核磁共振；LC/MS，液相色谱/质谱；GC/MS/MS，气相色谱/质谱/质谱

本团队也成功建立了基于 NMR 和高效液相色谱-高分辨质谱（HPLC-TOF-MS）的代谢组学分析方法，并应用于氯胺酮成瘾大鼠体液及组织的代谢组学分析，发现了可能与氯胺酮成瘾有关的 15 种代谢物。除了在毒物学中的应用，代谢组学在法医学的其他领域也有涉及。Sato 等[28]利用基于 GC-MS/MS 检测技术的代谢组学方法推测早期死亡时间，Donaldson 等[29]试图通过代谢组学的方法寻找能反映死亡时间的标志性物质。

四、展望

得益于分析技术的迅猛发展，药毒物的检测灵敏度不断提高，然而在达到 ng 级甚至 pg 级的分析方法检出痕量药毒物的同时，也给毒物检验结果的评价带来了挑战。如何科学地解释检验结果，为涉毒事件中药毒物的作用给予客观合理的评判是每个毒物检验工作者的责任。因此，在追求高通量、高灵敏度的快速分析检测方法的同时，“精准鉴定”和“个体化评价”是法医毒物检验的发展方向。今后，法医毒物鉴定工作可能不仅仅是对目标化合物的鉴定，还需对个体某些位点基因型进行检测，以便对检验结果进行准确的评价。

大量新开发的分析检测方法多是针对已被认知的物质，而对于新出现的药毒物的研究往往有所滞后，如引起极大社会公共安全问题的新精神活性物质（NPS）。NPS 多是通过对某种管制药品的分子结构稍作修改而获得，合成简便。

作为检验工作者,如果无法及时辨认出不断推陈出新的 NPS 并建立相应的检测方法,对滥用物质的监管是极其不利的。基于学科领域的特殊性,我们必须及时掌握药毒物的最新动态,并开发优化相应的分析方法,以适应法医毒物学将来的实践需求。

法医毒物学虽然是一门服务于法律的应用性学科,但学科的发展不应只定位于应用技术的创新。我们也不满足于仅仅作为检验的技术工作者,对药毒物的毒性机制进一步研究也是我们的目标。借助于快速发展的组学技术,药毒物作用机制的研究有了新的思路与方向,并且已有大量国内外学者进行了相关探索。蛋白质组学研究技术较为成熟,已被广泛应用于机制研究,国内外均有可喜的成果。代谢组学作为后起之秀,被广大学者所关注,然而其在技术上依然有局限性。例如,单一的检测技术或因检测的偏向性,或因检测灵敏度较低,难以全面囊括整个代谢组;代谢物确证困难,代谢物的标准物质较少,现有的代谢组学数据库信息不全;代谢组学研究获得的是海量的数据,如何从中提取有效信息依然具有挑战;从代谢中间体或终产物回溯代谢通路,研究内容复杂,等等。即便如此,代谢组学在毒物学领域仍然具有其独特的优势。首先,代谢组学检测工作是毒物检验工作者的强项,所涉及的仪器设备也有交叉;其次,代谢组学对药毒物作用后整个代谢组进行分析,便于全局性地筛选有效代谢物,发现作用靶器官及相关机制;此外,代谢物在种属间差异较小,便于实验对象的选取。相信随着技术的不断调整和提高,代谢组学将为法医毒物学带来突破性进展。

参考文献

[1] 沈敏,向平. 法医毒物学手册. 科学出版社,2012.

[2] Hernández F, Sancho J V, Ibáñez M, et al. Current use of high-resolution mass spectrometry in the environmental sciences. Analyt Bioanalyt Chem, 2012, 403(5): 1251-1264.

[3] de Castro A, Gergov M, Östman P, et al. Combined drug screening and confirmation by liquid chromatography time-of-flight mass spectrometry with reverse database search. Analyt Bioanalyt Chem, 2012, 403(5): 1265-1278.

[4] Dresen S, Ferreiros N, Gnann H, et al. Detection and identification of 700 drugs by multi-target screening with a 3200 Q TRAP © LC-MS/MS system and library searching. Analyt Bioanalyt Chem, 2010, 396(7): 2425-2434.

[5] Maublanc J, Dulaurent S, Morichon J, et al. Identification and quantification of 35 psychotropic drugs and metabolites in hair by LC-MS/MS: application in forensic toxicology. Int J Legal Med, 2015, 129(2): 259-268.

[6] Hang C, Ping X, Min S. Long-term follow-up analysis of zolpidem in fingernails after a single oral dose. Analyt Bioanalyt Chem, 2013, 405(23): 7281-7289.

[7] Lee H, Park Y, Jo J, et al. Analysis of benzodiazepines and their metabolites using DBS cards and LC - MS/MS. Forensic Sci Int, 2015, 255: 137-145.

[8] Montesano, et al. Determination of illicit drugs and metabolites in oral fluid by microextraction on packed sorbent coupled with LC-MS/MS. Analyt Bioanalyt Chem, 2015, 407(13): 3647-3658.

[9] Tattoli L, Tsokos M, Sautter J, et al. Postmortem bone marrow analysis in forensic science: Study of 73 cases and review of the literature. Forensic Sci Int, 2014, 234: 72-78.

[10] DeKing J. Synovial fluid: an alternative toxicologic specimen? Am J Forensic Med Pathol, 2014, 35(2): 154-156.

[11] Eichelbaum M, Ingelman-Sundberg M, Evans W E. Pharmacogenomics and individualized drug therapy. Annu Rev Med, 2006, 57: 119-137.

[12] Evans W E, McLeod H L. Pharmacogenomics—drug disposition, drug targets, and side effects. New Engl J Med, 2003, 348(6): 538-549.

[13] Andresen H, Augustin C, Streichert T. Toxicogenetics—cytochrome P450 microarray analysis in forensic cases focusing on morphine/codeine and diazepam. Int J Legal Med, 2013, 127(2): 395-404.

[14] Shen M, Shi Y, Xiang P. CYP3A4 and CYP2C19 genetic polymorphisms and zolpidem metabolism in the Chinese Han population: a pilot study. Forensic Sci Int, 2013, 227(1): 77-81.

[15] Ravyn D, Ravyn V, Lowney R, et al. CYP450 pharmacogenetic treatment strategies for antipsychotics: a review of the evidence. Schizophr Res, 2013, 149(1): 1-14.

[16] Zhu H, Bilgin M, Bangham R, et al. Global analysis of protein activities using proteome chips. Science, 2001, 293(5537): 2101-2105.

[17] Bodzon-Kulakowska A, Bierczynska-Krzysik A, Drabik A, et al Morphinome-proteome of the nervous system after morphine treatment. Amino Acids, 2005, 28(1): 13-19.

[18] Brown JN, Ortiz GM, Angel TE, et al. Morphine produces immunosuppressive effects in nonhuman primates at the proteomic and cellular levels. Mol Cell Proteomics, 2012, 11(9): 605-618.

[19] Li X, Wang H, Qiu P, et al. Proteomic profiling of proteins associated with methamphetamine-induced neurotoxicity in different regions of rat brain. Neurochem Int, 2008, 52(1): 256-264.

[20] Li X, Wang H, Qiu P, et al. Proteomic profiling of proteins associated with methamphetamine-induced neurotoxicity in different regions of rat brain. Neurochem Int, 2008, 52 (1-2): 256-264.

[21] Fiehn O, Kopka J, Dörmann P, et al. Metabolite profiling for plant functional genomics. Nature Biotechnol, 2000, 18(11): 1157-1161.

[22] Shima N, Miyawaki I, Bando K, et al. Influences of methamphetamine-induced acute in-

toxication on urinary and plasma metabolic profiles in the rat. Toxicology,2011,287(1): 29-37.

[23] Meng J,Zhang X,Wu H,et al. Morphine-induced conditioned place preference in mice: Metabolomic profiling of brain tissue to find "molecular switch" of drug abuse by gas chromatography/mass spectrometry. Analytica Chimica Acta,2012,710:125-130.

[24] Li Y,Yan GY,Zhou JQ,et al. 1 H NMR-based metabonomics in brain nucleus accumbens and striatum following repeated cocaine treatment in rats. Neuroscience,2012,218:196-205.

[25] Shi X,Yao D,Gosnell BA,et al. Lipidomic profiling reveals protective function of fatty acid oxidation in cocaine-induced hepatotoxicity. J Lipid Res,2012,53(11):2318-2330.

[26] Zheng T,Liu L,Shi J,et al. The metabolic impact of methamphetamine on the systemic metabolism of rats and potential markers of methamphetamine abuse. Mol BioSyst,2014,10(7):1968-1977.

[27] Zaitsu K,Nakayama H,Yamanaka M,et al. High-resolution mass spectrometric determination of the synthetic cannabinoids MAM-2201,AM-2201,AM-2232,and their metabolites in postmortem plasma and urine by LC/Q-TOFMS. Int J Legal Med,2015,129(6): 1233-1245.

[28] Sato T,Zaitsu K,Tsuboi K,et al. A preliminary study on postmortem interval estimation of suffocated rats by GC-MS/MS-based plasma metabolic profiling. Analyt Bioanalyt Chem, 2015,407(13):3659-3665.

[29] Donaldson AE,Lamont IL. Metabolomics of post-mortem blood:identifying potential markers of post-mortem interval. Metabolomics,2015,11(1):237-245.

廖林川 博士，博士生导师，四川大学华西基础医学与法医学院教授，兼任中国法医学会毒物分析专业委员会副主任委员，中国刑事科学技术协会毒品与毒物分析专业委员会副主任委员，中国合格评定国家认可委员会(CNAS)主任评审员。《法医学杂志》《中国法医学杂志》、*Journal of Forensic Science and Medicine* 等杂志编委。

主持或作为主研参与 10 余项国家和部省级科研及教改项目。主持国家自然科学基金面上项目 3 项、国家“十一五”科技支撑计划课题 1 项(分题负责人)、博士点基金 1 项。担任国家精品课程和国家级精品资源共享课程《法医毒物分析》负责人，编写教材及学术著作11部，其中主编5部，包括“十五”国家级规划教材（理论）《法医毒物分析》、“十一五”国家级规划教材（实验）《法医毒物分析实验指导》《实验室安全与环境保护》《实用法医学（毒物分析篇）》、国家级规划教材《法医学》等。四川省学术技术带头人，四川省有突出贡献优秀专家，曾荣获“成都市优秀青年教师”称号，获两项国家级教学成果二等奖。

发表科研和教学论文共80余篇，其中SCI、EI、Medline等收录40篇。培养毕业和在读硕（博）士研究生40余名。

精神损伤机制研究与司法鉴定

赵 虎

中山大学中山医学院法医学系

摘要:精神损伤包括精神刺激所致的精神损伤与颅脑外伤所致的精神损伤。创伤后应激障碍(PTSD)是精神刺激所致精神损伤的典型代表,其中至少1/3的患者演变为精神伤残。由于该病的发生机制与发展规律不明确,导致诉讼双方对鉴定意见存在大量的争议。笔者建议应更多关注PTSD的易感性、慢性化、共病的机制研究,同时应加强司法鉴定技术的开发,提高鉴定技术的科学性、客观性和可靠性。

关键词:精神损伤;恐惧记忆;易感性;慢性化;诈病

一、创伤后应激障碍(PTSD)

精神损伤是相对于躯体损伤而言的,精神损伤研究在西方国家已经有很长的历史,这个术语的产生也经历了一番周折。最初,它并不是现在我们常说的“精神损伤”,而是“心理损伤”“情感损伤”“心理损害”等。所谓“精神损伤”,起初在西方是指由创伤性事件,或者叫精神性创伤引发的一类精神障碍。最典型的精神损伤由精神刺激所致,最典型的疾病是创伤后应激障碍(post-traumatic stress disorder,PTSD)。美国9·11恐怖袭击以后,PTSD变得非常常见,现在在西方已经家喻户晓,在中国也不是罕见的疾病,在临床上还是会遇到的,在法庭上也经常有这样的诉讼。

PTSD的发病率约为8%,一旦罹患PTSD,约有1/3的患者会丧失劳动能力,PTSD已成为民事赔偿一个比较重要的案件来源。我国是自然灾害多发国家,人为灾害也时有发生,像汶川大地震、矿难事故、不断发生的重大交通事故等,往往造成很多伤亡。在死里逃生的人群中,有一部分人会患上PTSD。另外,颅脑损伤所致的精神损伤也占相当部分比例,导致颅脑损伤的原因有多种,比如爆炸、机械性损伤。另外颅脑损伤还与交通事故、工厂事故、战争密切相关。在实际精神伤残评定中,大家对此都印象非常深刻,需要法医临床与法医精神病鉴定,它们是精神伤残害案件的主要来源。所以,PTSD的发病率相当高,特别是对轻度的颅脑损伤，诈病夸大的情况又非常普遍，伤病关系鉴定是个难题，因为很难进行客观的检查。相对于躯体损伤的精神损伤，如果这个损伤不能得到恢复，则可能演变为精神伤残，终生留有后遗症状，丧失劳动能力。

在法庭上，针对精神损伤有关鉴定意见的质证，面临许多挑战。这里试举几个例子。在汶川大地震的现场，所有的幸存者在同一个现场，面对同一个创伤性事件，第一，为什么不是所有的人都患上 PTSD，而只有部分人患病？这涉及易感性的问题。第二，为什么患上 PTSD 以后，大部分病人离开了那个导致生病的环境后，疾病得到缓解，甚至恢复了健康，而只有少部分人变成慢性的 PTSD，甚至丧失劳动能力？PTSD 存在什么样的发生发展规律？其机制是什么？第三，这一类病常常会与其他疾病形成共病，比如成瘾、酒精依赖等。这是因为一旦患上 PTSD，病人的生活交往受限，常常脱离现实环境，感觉只有自己待着才是最安全的，所以以酒浇愁，吸毒成瘾，共病的情况并不罕见。第四是诈病。因为我们是司法鉴定人，不是临床医生，我们考虑患者诉述的这些症状或者表现出来的这些行为是不是真实的，是否存在夸大甚至诈病。我们可以把上述这些问题转化为一系列的科学问题，成为我们科学研究的重要线索。

以上这些是我们面临的诸多挑战，因为 PTSD 的发病机制不清楚，它的发生发展规律不明确，所以需要重点研究。

二、颅脑损伤或脑损伤与 PTSD 存在什么关系

关于颅脑损伤与 PTSD 的关系，现在有很多这方面的探讨，尽管它们的关系很微妙，但是也有一定的规律可循。比如重度颅脑损伤不会发生 PTSD，也就是说 PTSD 只会出现在轻度颅脑损伤。为什么？因为颅脑损伤的当事人在遭遇创伤性事件时，他需要做出他的认知评估，他必须有这样的能力来评估，才能患上 PTSD。如果一个人遭受了严重颅脑损伤，整个认知能力都丧失了，何来 PTSD？这里介绍两篇这方面研究的论文，一篇发表在 *Psychiatric Annuals*，这篇文章报道，在 2500 个颅脑损伤的士兵中，有些人得了脑震荡，5%的病人患上 PTSD。另外一个研究更有意思，他们把一些脑损伤的病人进行核磁共振扫描，之后发现，凡是前额叶以及新纹状体受损的病人，尽管有颅脑损伤，但不会导致 PTSD。巧的是，这两个脑区正是 PTSD 发生的重要神经环路或重要的神经核团。所以说，并不能简单地说，PTSD 是由外伤性脑损伤（traumatic brain injury，TBI）引起的，或者说 TBI 会引起 PTSD。PTSD 作为环境因素诱发的精神损伤，与单基因遗传疾病不一样；也就是说，如果没有汶川大地震那场灾难性事件，是不会得 PTSD 的。所以它跟一般的精神疾病，如精神分裂症是完全不同的；尽管它们都是复杂性疾病，但 PTSD 受环境刺激因素的影响更明显。易感性可用生物学原理来解

释,首先重点强调遗传因素,但研究表明遗传的解释率不超过30%。PTSD关联分析研究找到了一些易感基因,但各个研究中心得出的结论都不一致。这是非常棘手的一件事情。所以,我们前几年在动物模型上做研究,控制一些影响因素。比如,我们复制了PTSD动物模型,然后再让患病动物生子鼠,从F1、F2代传下去,得到的结果类似于在纳粹集中营那些幸存者的子女中PTSD的发病率要高于一般群体。我们想验证有哪些易感基因。另外,我们研究易感性还采用另一种方法,子鼠出生后,把它们从母鼠身边分离开,这个模型称作母爱剥夺。母爱剥夺大鼠与对照大鼠成年后,再做创伤应激模型,结果发现母爱剥夺动物对创伤性应激更敏感,更易形成恐惧记忆。形成恐惧记忆的难易程度,或者叫易感性是不一样的,母爱剥夺大鼠更加易感。所以,我们通过这种方法来筛查该病的易感基因,或者从蛋白到基因,或者从基因到蛋白,进行遗传和环境交互影响的机制研究。PTSD病人是我们活生生的、最好的、最容易得到的模型,无论什么动物模型都不可能模拟全面的或者全部的PTSD表型。所以,PTSD病人在临床上可以做很多工作。PTSD病人在发病以后,通过功能性磁共振成像,可以发现涉及哪些神经核团、哪些神经环路。特别是当他们完成一些任务时,我们可以发现那些反应的核团是什么。我们发现大概有几个,包括前额叶皮质、新纹状体、海马、扣带回等。这些在病人身上获得的证据,我们希望在动物身上进行验证。

下面讲一个用得比较普遍的动物恐惧模型。对PTSD患者来说,最具特征性的症状就是他们经常会呈现一些恐怖的景象,这些景象就像电影一样不断地在他们的脑海里播放,甚至做的噩梦都跟这些可怕的情景有关系,这个症状称作病理性重现。这种异常体验可以在大鼠身上利用巴普洛夫经典条件反射原理复制PTSD恐惧模型。这样的模型再用一个图简单地说明(图1)。图1左边是一条街道,图中这位女士途经这个街道时,很不幸被一个歹徒劫持了,歹徒把刀架在她的脖子上。幸运的是她被警方及时解救了。按理说,以后这个女士途经这条走过的街道时小心一点就可以了,她本该适应了这里的环境;但是她没有,她被那次的劫持重重地击倒了。此后她一路过这个街道就惧怕,甚至后来对所有的城市街道都不敢去了。她本来只是害怕这个劫持她的歹徒,而这个歹徒是男人,结果后来她对所有的男人都惧怕。她不仅不能跟异性建立正常的婚姻关系,甚至还不能跟异性建立正常的同事关系,所以她的社会活动也受限了。就这样,一个特定的恐惧记忆变成了一个条件性恐惧记忆的泛化,一个生理性记忆演变成了一个病理性记忆。我们的研究发现,这种记忆的泛化与致伤因子的强度,甚至持续的时间有关。强度愈强泛化水平愈高。

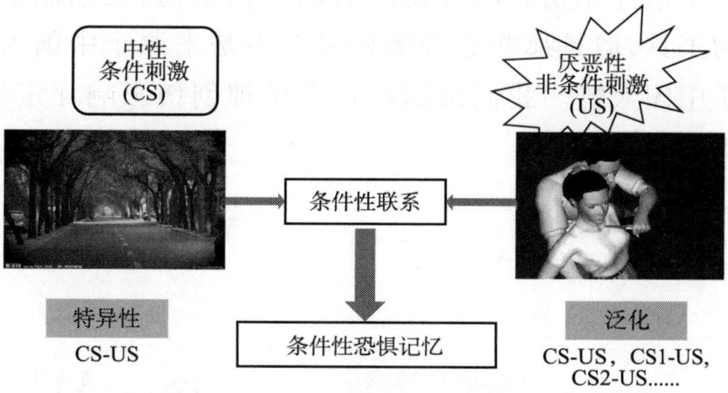

图 1　Pavlovian 条件反射

恐惧条件化(fear conditioning,FC)将中性的条件刺激(CS)与厌恶性非条件刺激(US)联系起来,学会利用先前的经验(CS-US 特异性联系)在新的环境中预知危险。当条件性恐惧记忆的生理性泛化超过了某种限度,先前的 CS-US 特异性联系就被过度泛化的、新形成的恐惧记忆所取代

三、在 PTSD 发病中可能起重要作用的神经环路和核团

纹状体负责调控情绪(emotional level),具体地说就是管不高兴的情绪;VTA(中脑腹侧被盖区)负责快感,也就是管高兴的事。情景信息与事件的发生时间、地点、人物以及环境有关,海马负责环境信息。图 2 展示了这些核团的位置关系以及神经纤维联系。上述这些信息输送到皮质下一个核团,称作伏隔核。伏隔核为杏仁体、海马谷氨酸能神经信号的汇聚、分离及整合脑区。伏隔核把开心的和不开心的神经信息以及环境信息进行整合,形成一个特异的记忆,这个记忆有可能是恐惧性记忆,也可能是一个成瘾的记忆。但是,恐惧性记忆还受中央皮质的调控,这个调控可以让病理性记忆变成一个生理性记忆,同样也可以让生理性记忆变成病理性记忆。其中涉及一些神经纤维的投射,主要包括谷氨酸能、多巴胺能、GABA 能神经纤维。海马是其中一个重要的核团,并且它对应激激素如糖皮质激素相当敏感,所以海马极易受到损害。原来以为 PTSD 仅仅是一种功能性的改变,但我们的电镜结果和免疫组化结果表明,强大的应激会导致海马神经元的凋亡。人体研究也证实,PTSD 患者的海马双侧都变小了,神经元的活力也会下降。我们还发现,高糖皮质激素不仅会引起恐惧记忆泛化,还可以通过多巴胺 D1 受体调控发挥作用。糖皮质激素受体信号和多巴胺能信号传导系统有密切的关系。另外,任何恐惧记忆的发生都离不开环境的信息,一个记忆形成、巩固以后,可以通过消退来抹掉这个恐惧记忆的痕迹。但是在恐惧记忆形成和消退的过程中,环境改变或不一致,也会影响这个恐惧记忆的再燃或者加强。另外,我们还利用心理测量学技术,从心理障碍、生理功能紊乱、社会功能损害三

大维度构建了一个精神创伤影响评定问卷的理论架构，也编制了一个问卷。国外有很多类似的工具，但是那些心理测评量表不是来源于中国人群、中国文化，所以不适宜用于中国人群。我们编制出这个精神创伤影响评定量表以后，又建立了中国人群的常模。

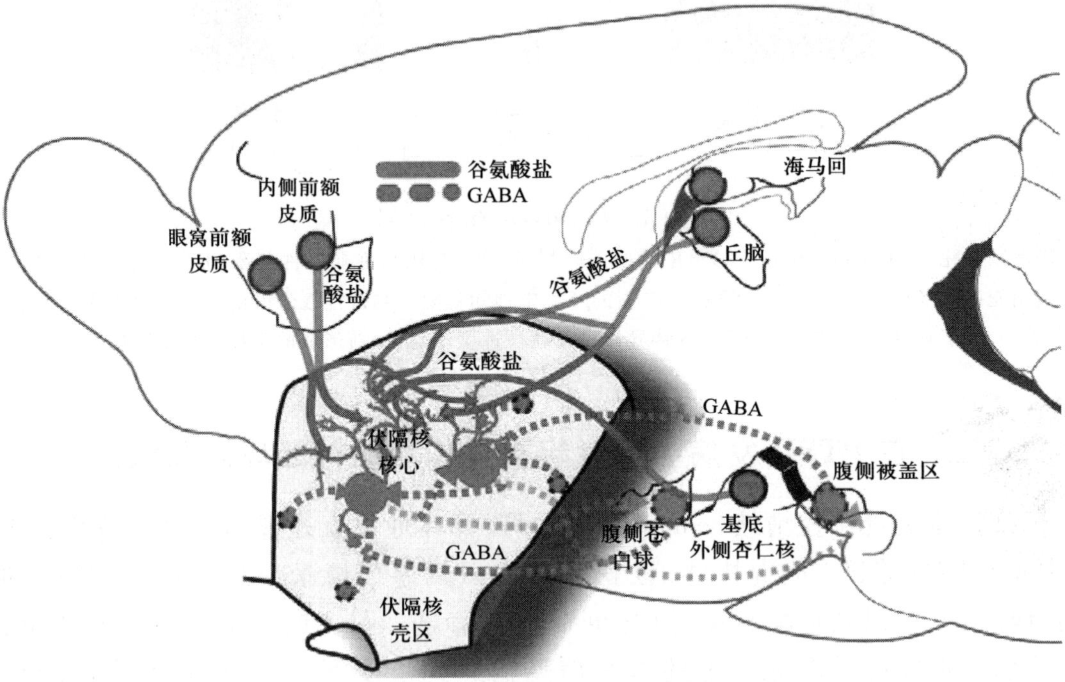

图 2　中脑边缘系统 DA、Glu 及 GABA 神经环路示意图

DA，多巴胺能；Glu，谷氨酸能；GABA，γ-氨基丁酸能

同时，PTSD 存在夸大或诈病，诈病可能比较少，夸大更多见。我们一直在思考：如果病人在诈病，我们怎样建立一个识别的技术。测谎仪的使用在一些电视剧诸如 CSI(《犯罪现场调查》)等这些警匪片里很常见，测谎仪主要是测量外周的皮电，另外还要根据心率、血压、呼吸等的变化来判断说谎与否。但是调控说谎的神经中枢在大脑，不是在外周。因此应该针对大脑进行诈病研究。我们把功能性磁共振成像引进到测谎技术中，我们给受试者下达四种任务：诚实回答、错误回答、随机回答及诈病(这是比较高级的任务)。与诚实的人相比，只要一个人撒谎，不管撒什么谎，至于嘴巴怎么说都不重要，只要一撒谎，整个大脑就会发生多个脑区的激活，提示与诚实相比，撒谎要运用更多的脑力活动。其次，我们把这四种回答模式进行比较，发现不同的人运用不同的模式会有不同的大脑激活模式。我们运用这个激活模式，运用支持向量机技术提取特征，来构建一个个体识别技术。

四、结语

以上只是抛砖引玉，把法医精神病学中有关精神损伤的机制研究和司法鉴定技术开发，以及“十三五”规划中有关精神损伤的内容，从我个人理解的角度包括应该怎么去做、如何谋划，以及研究策略与大家分享。

赵　虎　教授，博士生导师，中山大学中山医学院法医学系主任、法医学研究所所长，中山大学司法鉴定中心法定代表人。

1985年毕业于东南大学医学院医疗系，1985—1989年任南京医科大学附属脑科医院住院医师。1989—2002年调入汕头大学精神卫生中心，2001年晋升为主任医师。2000—2003年为汕头大学医学院和中南大学湘雅二院精神卫生研究所联合培养博士生，获医学博士学位。2002—2008年在汕头大学医学院法医学教研室工作，2002年被聘为法医学研究员，2004年获法医学教授资格，2006年获博士生指导教师资格；先后担任法医学教研室副主任、汕头大学司法鉴定中心主任、机构负责人及法人代表。2007年8月—2008年2月，在美国纽约州立大学上州医科大学做访问学者。2008年7月通过中山大学“百人计划”被引进中山大学，任中山大学中山医学院法医学系主任和法医学研究所所长。创建了中山大学法医精神病学和心理学实验室，并任学科带头人(PI)。

兼任中国法医学会法医精神病学专业委员会副主任、国家级实验室资质认定评审员，中国合格评定实验室/检查机构认可评审员，广东省司法鉴定协会副会长与法医临床专业委员会主任委员。作为国家级特色专业建设项目(法医学)负责人，2010年6月起兼任中山大学法学实验教学中心副主任。

主持和参加国家自然科学基金项目4项，主持国家科技支撑计划项目分课题1项，主持和参加省部级科学基金项目4项，主持完成市厅级课题4项。在国内外专业期刊共发表论文110篇，以通讯作者或第一作者发表SCI论文10篇，以共同作者发表SCI或SSCI论文8篇；参编专著6部。授权国家发明专利2项。

多模态理论在法医活体鉴定中的应用及展望

陶陆阳

苏州大学医学部法医学系

摘要：视觉功能、听觉功能、神经功能障碍程度及精神损伤程度的客观评定是法医学实践中的难点问题。随着现代科学技术和临床医学的发展，多模态理论已经开始应用于临床实践中，而转化医学和精准治疗的理念应该尽快体现在法医学实践中。因此，本文将多模态理论应用于法医临床学鉴定中，提出精准法医学和精准鉴定的概念，并针对法医学活体鉴定中视觉功能障碍、神经功能障碍和精神损伤程度客观评价方法这些难点问题，设计出具有理论创新和潜在应用价值的研究思路和研究方法，为临床医学和法医学鉴定实践提供理论依据和技术手段。

关键词：多模态；事件相关电位；影像学；分子生物学；精准法医学

一、引言

多模态技术是基于多路径、多路数据提取，然后进行数据融合和数据分析，来解决单一路径难以解决的科学问题的一类科学技术方法。多模态是一个综合性概念，是多学科联合应用来解决单一学科中难以解决的问题，这种方法同样也适用于法医学。现代科学飞速发展，但是很多新技术在法医学领域很少得到应用；临床医学现已提倡精准治疗和精准医学，受临床医学和转化法医学高峰论坛的启迪，我在此提出精准法医学和精准鉴定的概念。在法医学领域，无论是死因判定、死亡时间推断、损伤时间及程度鉴定等，都应涉及精准法医学的概念，只有精准鉴定才能真正达到司法公正，才能实现依法治国的理念。早在 1992 年，我提出了“个性条件致命药物”的概念；10 多年过去了，虽然到现在这个概念还没有应用，但 3 年前司法部司法鉴定科学技术研究所已经开始了此方面的研究工作。本文主要侧重于多模态理论在法医活体鉴定中的应用及展望。

二、神经功能障碍客观评价

在法医临床活体鉴定实践中最常见的问题是被鉴定人的伪装。视觉功能障碍程度评价、肌力肌张力障碍程度评价、神经功能障碍程度评价等,都没有客观的评价方法和评价指标。同样,精神疾病和精神损伤的客观诊断和客观评价,以及精神损伤的形成机制,都是亟待解决的难题。人是结构和功能、生理和心理的统一体,上述这些难点问题都和人的心理认知功能有关,包括视觉、肌力、肌张力、精神损伤等,当被鉴定人进行伪装时都是受大脑支配的。所以应该用认知科学的理论和技术手段去做活体损伤的客观评价和精准鉴定。

脑认知功能是脑功能的一个重要组成部分。研究认知功能的技术手段从无损到有损,无损检测技术包括脑电及事件相关电位(ERP)、光学成像、功能磁共振成像(fMRI)等,轻度损害的检测技术包括正电子发射计算机断层显像(PET)等,这些都可以应用于法医学活体鉴定中;而离体检测、毁损检测等都不能在法医临床或者司法鉴定中应用。光学成像和 fMRI 的价格特别昂贵,单细胞记录和膜片钳则主要应用于基础研究。所以针对法医临床学精准鉴定方面,事件相关电位是比较经济的方法。

事件相关电位来源于脑电,但又与脑电不同,是脑电外加了规律性的刺激,之后再把这些相同的刺激所产生的脑电进行叠加平均而形成的波形,是一个与某种事件相关的脑电波形。事件指的就是这些刺激,可以是视觉刺激,包括图形、文字、面孔、景观甚至是视频或录像(video);还有非图形的,如闪光。也可以是听觉刺激,如纯音、白噪声、短音、动物叫声,包括自然环境声音等;还可以是体感刺激,如微电脉冲刺激等。可见上述刺激均与法医临床鉴定有关,这就给我们提供了很好的技术手段。通过 ERP 技术得出的具有波幅、潜伏期以及其他成分的 ERP 波形可供我们分析,同时 ERP 还具有脑区溯源功能。ERP 波形包括 P50、N100、P100、P300、CNV、N400、MMN 等,所有这些信息都可以用于视觉、听觉、体感以及精神损害的鉴定中。虽然 ERP 的空间分辨率没有功能磁共振精准,但具有很高的时间分辨率,而且能够溯源,相当程度上满足了认知功能评价的需要。

以下介绍我们团队这十几年所进行的一项工作:神经功能障碍客观评价。

视力水平的评价已经困扰了临床和法医学几十年,目前进展不大。中国医科大学、华东科技大学从 20 世纪开始使用视觉诱发电位(VEP)检测,包括现在使用多焦 VEP,都没有办法解决视力客观检测的难题。同样的问题也存在于视野、色觉的客观检测方面,所有的检测方法都需要被试者的主观配合。

所有的检测方法包括 VEP 检测方法,都是从球前结构到视神经、到视交叉、到外膝体、再到枕叶初级视皮质。但在临床及鉴定实践中发现,高级皮质的损伤同样可以导致视野缺损或视力降低。在这种情况下,之前的所有方法都不能解决视力检测的问题。根据生理和心理的概念,视力是一个生理和心理相结合的结果，是一个对事物认知的过程，视力检测实际上也是对视标识别的认知过程。ERP 除能够识别 VEP 所识别的通路之外，还可以延伸到额叶认知核心区传导的识别，包括经顶叶传导的上行通路和经颞叶传导的下行通路，并具有检测大脑非注意加工的过程，可以完整解决视觉功能障碍的客观检测问题。

根据大脑视觉信息非注意自动加工理论，我们设计出了与视力表视标相匹配的视角视标，再通过软件设计刺激呈现的变化，通过 ERP 波形客观评价视力的方法。按照同样的原理设计出了视野和色觉的刺激程序，以达到客观检测的目的。该成果已经完成了产品的硬件和软件定型，申请了注册商标“Brain-Science”和“NeuroLab”，以及专利和软件著作权。

三、轻度脑外伤后创伤后应激障碍的法医学基础研究

法医学活体鉴定有两个难点：一个是结构损伤导致的功能障碍的评价，另一个是精神损伤。有许多损伤轻微但后果严重的案例，这些案例至少说明两个基本的事实，即应激反应和精神因素参与了机体的损害过程，轻度外伤也能够引起创伤性精神障碍。脑外伤（traumatic brain injury，TBI）具有高致死率和致残率，占整个创伤的 33%。而轻度脑外伤（mild TBI，mTBI）大约占 TBI 的 75%以上，并且 mTBI 也可以引起创伤后应激障碍（PTSD），但 mTBI 及 PTSD 的客观诊断和致病机制都是尚未解决的科学问题，也是司法鉴定实践的重大需求。

我们从 1991 年开始研究脑外伤，主要的工作是对中、重度 TBI 的脑组织切片进行免疫组化染色，筛选确定 TBI 的诊断指标并用于推断 TBI 的形成时间。但针对活体、mTBI 及 PTSD，没有进行过研究。针对 TBI，国外也筛选出了一些生物标记物（biomarker），包括我们前期的指标 S-100 和 GTAP。同样，国内外学者针对 PTSD 做了包括基因表达、功能磁共振的变化、ERP 变化等方面的研究，但仍然没有得到明确的结果。轻度脑外伤及 PTSD 的客观诊断依然是法医学和临床医学的重大需求，而轻度脑外伤后 PTSD 的发生机制仍是需要解决的科学问题。

四、应用多模态技术于法医学研究

临床实践中，多科室协作对单一病人进行诊断和治疗称为多模态模式。模拟临床的多模态模式，我们尝试通过事件相关电位、影像学和分子生物学方法来解决上述法医学的科学问题和重大需求。研究内容包括：①流行病学和行为学研究，调查脑外伤后 PTSD 的发生率，年龄、性别和损伤类型对 PTSD 发生的影响。②心理学研究，采用 ERP 研究脑外伤后的特征性变化以及 PTSD 的特征性变化。③影像学研究，研究 mTBI 磁共振加权成像的影像学特征以及 PTSD 病人

的脑区测量，筛选 fMRI 的特征性变化。④分子生物学标记物筛选，我们将进行非编码 RNA（non-coding RNA）的筛选及甲基化特征研究。应用上述 4 种模式 5 种方法（即多模态技术）力图解决 mTBI 和 PTSD 的相关问题。ERP 研究方法包括视觉信息脑自动加工和听觉信息脑自动加工两部分，前者让被试者听故事而忽略图像信息，将会在不同的脑区引出各种波形来；后者则需要被试者注意影片，这些影片包括中性的、正能量和负能量 3 种，在观看的同时给予听觉刺激，同样会在不同脑区引出相应的 ERP 波形。最后从这些信息波形中寻找能够提供客观诊断的特征性波形。通过影像学方法首先确定是否存在脑外伤及其种类。针对轻度脑外伤，利用影像学发现是否存在微出血点等特征性变化，再确定微出血点与 PTSD 及脑震荡综合征有哪些关联。同时，测量杏仁核、海马、扣带回、前额叶皮质、岛叶等部位，研究这些结构的体积变化对 mTBI 及 PTSD 的诊断价值并探讨其发生机制。利用功能磁共振与事件相关电位联合检测的方法，动态检测被试者的警觉、注意、识别、行动之间的关系。之后利用数字影像时空分析方法，研究 mTBI 及 PTSD 的特征性大脑结构网络。最后整合这些信息以及分子生物学信息，达到精准法医学的目的。

除此之外，多模态技术还可以广泛应用于更多的法医学活体鉴定领域，如肌力和肌张力客观评价问题。现在许多先进的技术，如光子遗传学、多光子技术等，很多技术整合都是多模态的应用形式，将来对法医的精准鉴定一定会有很大的促进并将得到进一步发展。总之，法医学要发展，需要顶层设计、团队合作，更重要的是吸纳其他学科的先进成果、先进科学技术及理论，唯其如此才能跟上时代的步伐。

参考文献

[1] 刘技辉，宋嗣荣. 应用 VEP 评价视功能的法医学研究. 法律与医学杂志，1994，1(3)：108-109.

[2] 周鑫，张玲莉，舒玲华，等. 眼挫伤 30 例视力的恢复与视觉诱发电位变化相关性的分析.眼外伤职业眼病杂志，2009，31(11)：818-820.

[3] 刘瑞珏，朱广友，范利华. 视觉电生理与客观视功能检查. 法医学杂志，2002，18(2)：115- 117.

[4] 夏文涛，朱广友. 几种视觉诱发电位技术推断正常成人远视力的比较. 法医学杂志，2007，23(4)：254-257.

[5] 夏文涛，刘夷嫦，陈捷敏. 近视眼底改变与功能相关性的研究及其法医学意义. 鉴定科学，2009，44(3)：20-23 转 38.

[6] 吕雅平，夏文涛，褚仁远，等. 近视者最佳矫正视力与屈光参数间的相关性.法医学杂志，2011，27(2)：94-97.

[7] Nicol DS, Hamilton R, Shahani U, et al. Monocular and binocular steady-state flicker VEPs: frequency-response functions to sinusoidal and square-wave luminance modulation. Doc Ophthalmol, 2011, 122(1): 63-70.

[8] Zhang X, Park JC, Salant J, et al. A multiplicative model for spatial interaction in the human visual cortex. J Vis, 2008, 8(8): 4.1- 4.9.

[9] Rudvin I, Valberg A. Visual evoked potentials for red-green gratings reversing at different temporal frequencies: asymmetries with respect to isoluminance. Vis Neurosci, 2005, 22(6): 735-747.

[10] Kurita-Tashima S, Tobimatsu S, Nakayama-Hiromatsu M, et al. Effect of check size on the pattern reversal visual evoked potential. Electroencephalogr Clin Neurophysiol, 1991, 80(3): 161-166.

[11] Gundogan FC, Sobaci G, Bayer A. Pattern visual evoked potentials in the assessment of visual acuity in malingering. Ophthalmology, 2007, 114(12): 2332-2337.

[12] Yadav NK, Ludlam DP, Ciuffreda KJ. Effect of different stimulus configurations on the visual evoked potential (VEP). Doc Ophthalmol, 2012, 124(3): 177-196.

[13] Jeon J, Oh S, Kyung S. Assessment of visual disability using visual evoked potentials. BMC Ophthalmology, 2012, 12(36): 1-9.

[14] Iyer KK, Bradley AP, Wilson SJ. Conducting shorter VEP tests to estimate visual acuity via assessment of SNR. Doc Ophthalmol, 2013, 126(1): 21-28.

[15] Chen XP, Li QQ, Liu XQ, et al. Visual acuity evaluating with pattern reversal visual evoked potential was affected by check size in visual angle. Neurosci Bull, 2012, 28(6): 737-745.

[16] Li L, Su Y, Chen CZ, et al. Sweep pattern visual evoked potential acuity in children during their periods of visual development. Ophthalmologica, 2011, 226(4): 220-227.

[17] Patrick Cavanagh. Visual cognition. Vision Res, 2011, 51: 1538-1551.

[18] Wiesel TN. Postnatal development of the visual cortex and the influence of environment. Nature, 1982, 299: 583-591.

[19] Baker FH, Grigg P, Von Noorden. Effects of visual deprivation and strabismus on the responses of neurons in the visual cortex of the monkey, including studies on the striate and prestriate cortex in the normal animal. Brain Res, 1974, 66: 185-208.

[20] Chino YM, Cheng H, Smith EL, et al. Early discordanbinocular vision disrupts signal transfer in the lateral geniculate nucleus. Proc Natl Acad Sci USA, 1994, 91: 6938-6942.

[21] Roelfsema PR, Konig P, Engel AK. Reduced synchronization in the visual cortex of cats w ith strabismic amblyopia. Eur J Neurosci, 1994, 6: 1645-1655.

[22] Mehaffey L, Seiple W, Holopigian K. Comparison of P100 and P300 cortical potentials in spatial frequency discrimination. Doc Ophthalmol, 1993, 85(2): 173-183.

[23] Kimura M. Visual mismatch negativity and unintentional temporal-context-based predic-

tion in vision. Int J Psychophysiol,2012,83:144-155.

[24] Zhou Q,Yao DZ,Zhao LN. ERP synchronization studies in visual spatial attention. J UEST China,2005,34(3):403-406.

[25] 范桂红,杨丽,陈溪萍. 视野空间注意的事件相关电位研究进展. 法医学杂志,2009,25(2):130-132 转 137.

[26] 刘小琴,李倩倩,常盼,等. 不同视野刺激时 ERP 及其分布特征. 法医学杂志,2012,28(1):28-31 转 35.

[27] Posner M I, Gilbert C D. Attention and primary visual cortex. Proc Natl Acad Sci USA, 1999,96(6):2585-2587.

[28] Vogel EK,Luck S. The visual N1 component as an index of a discrimination process. Psychophysiology,2000,37:190-203.

[29] Wijers AA,Lange JJ,Mulder G,et al. An ERP study of visual spatial attention and letter target detection for isoluminant and nonisoluminant stimuli. Psychophysiology,1997,34:553-565.

[30] Martinez A,Di Russo F,Anllo-Vento L,et al. Putting spatial attention on the map:timing and localization of stimulus selection processes in striate and extrastriate visual areas. Vision Res,2001,41:1437-1457.

[31] Noesselt T,Hillyard SA,Woldorff MG,et al. Delayed striate cortical activation during spatial attention. Neuron,2002,35(3):575-587.

[32] Di Russo F,Martínez A,Hillyard SA. Source analysis of event-related cortical activity during visuo-spatial attention. Cereb Cortex,2003,13(5):486-499.

[33] Danckert J,Goodale M A. Superior performance for visually guided pointing in the lower visual field. Exp Brain Res,2001,137:303-308.

[34] Genzano V R,Di Nocera F,Ferlazzo F. Upper/lower visual field asymmetry on a spatial relocation memory task. Neuroreport,2001,12:1227-1230.

[35] Qu Z,Song Y,Ding YL. Asymmetry between the upper and lower visual fields:an event-related potential study. Chin Sci Bull,2006,51(5):536-541.

[36] Karim AK, Kojima H. The what and why of perceptual asymmetries in the visual domain. Adv Cogn Psychol,2010,6:103-115.

[37] Goldstein A,Babkoff H. A comparison of upper vs. lower and right vs. left visual fields using lexical decision. Q J Exp Psychol A,2001,54(40):1239-1259.

[38] Zhou W,King WM. Attentional sensitivity and asymmetries of vertical saccade generation in monkey. Vision Res,2002,42:771-779.

[39] Mao LH,Han SH,Guo CY,et al. Neural mechanisms of perceptual grouping in human visual cortex. Chin Sci Bull,2004,49(8):819-823.

[40] Graham SL,Klistorner A,Grigg JR,et al. Objective perimetry in glaucoma:recent advances using multifocal stimuli. Survey Ophthalmol,1999,43:S199-209.

[41] Neville HJ,Lawson D. Attention to central and peripheral visual space in a movement detection task: an eventrelated potential and behavioral study. Ⅰ. Normal hearing adults. Brain Res,1987,405(2):253-267.

[42] Shoji H,Ozaki H. Topographic change in ERP due to discrimination of geometric figures in the peripheral visual field. Int J Psychophysiol,2006,62 (1):115-121.

[43] Li YF,Fan SQ,Liu JH,et al. Advancement in the study on electrophysiology of color vision and its applicability in forensic medicine. J Forensic Med, 2008,24(1): 71-73.

[44] He J,Shevell SK. Individual differences in cone photopigments of normal trichromats measured by Dual-Rayleigh-Type color matches. Vision Res,1994,34:367-376.

[45] He JC,Shevell SK. Variation in color matching and discrimination among deuteranomalous trichromats: theoretical implications of small differences inphotopigments. Vision Res, 1995,35(18):2579-2588.

[46] Shevell S K,He J. The visual photopigments of simple deuteranomalous trichromats inferred from color matching.Vision Res,1997,37(9):1115-1127.

[47] He J C,Shevell S K. Variation in color matching and discrimination among deuteranomalous trichromats:theoretical implications of small differences in photopigments. Vision Res, 1995,35(18):2579-2588.

[48] Merbs S L,Nathans J. Absorption spectra of the hybrid pigments responsible for anomalous color vision. Science,1992,258:464-466.

[49] 文军庆,韩布新,孙秀如,等. 双 Rayleigh 颜色匹配与色觉检测.心理科学进展,2003, 11(6):623-628.

[50] Taukanoto M,Kakisu Y,Adachiusami E. Evaluation of color pattern VECP in deutan. Acta Soc ophthalmol Jpn,1989,93(10):993.

[51] Ver Hoeve JN,France TD,Bousch GA. A sweep VEP test for color vision deficients in infants and young children. Pediatr Ophthalmol Strabismus,1996,33(6):298.

[52] Kelly JP,Crognale MA,Weiss AH. ERGs,cone-isolating VEPs and analytical techniques in children with cone dysfunction syndromes. Doc Ophthalmol,2003,106:289-304.

[53] Pompe MT,Kranjc BS,Brecelj J. Chromatic visual evoked potential responses in preschool children. J Opt Soc Am A Opt Image Sci Vis,2012,29(2):A69-73.

[54] Pompe MT,Kranjc BS,Brecelj J. Chromatic visual evoked potentials in paediatric population. Doc Ophthalmol,2014,128(1):43-52.

[55] 熊凯,侯民贤,叶关荣. 基于颜色 VEP 的色觉缺陷检测系统的研究.中国生物医学工程学报,2005,24(4):459-467.

[56] Crognale MA,Duncan CS,Shoenhard H,et al. The locus of color sensation:cortical color loss and the chromatic visual evoked potential. J Vis, 2013,13(10)pii:15.

[57] Darves-Bornoz JM,Alonso J,de Girolamo G,et al. Investigators ESM. Main traumatic events in Europe:PTSD in the European study of the epidemiology of mental disorders sur-

vey. J Trauma Stress,2008,21(5):455-462.

[58] Krysinska K,Lester D. Post-traumatic stress disorder and suicide risk: a systematic review. Arch Suicide Res,2010,14(1):1-23.

[59] Bazarian JJ,McClung J,Shah MN,et al. Mild traumatic brain injury in the United States, 1998-2000. Brain Inj,2005,19:85-91.

[60] www.traumaticbraininjury.com

[61] Bryant R. Post-traumatic stress disorder vs traumatic brain injury. Dialogues Clin Neurosci,2011,13(3):251-262.

[62] Glaesser J,Neuner F,Lütgehetmann R,et al. Posttraumatic stress disorder in patients with traumatic brain injury. BMC Psychiatry,2004,4:5.

[63] Mild Traumatic Brain Injury Committee. Head injury Interdisciplinary Special Interest Group of the American Congress of Rehabilitation Medicine. Definition ofmild traumatic brain injury. J Head Trauma Rehabil,1993,8(3):86-87.

[64] National Center for Injury Prevention and Control. Report to Congress on Mild Traumatic Brain Injury in the United States: Steps to Prevent a Serious Public Health Problem. Atlanta,GA: Centers for Disease Control and Prevention,2003.

[65] Carroll LJ,Cassidy JD,Holm L,et al,WHO Collaborating Centre task force on mild traumatic brain injury. Methodological issues and research recommendations for mild traumatic brain injury: the WHO Collaborating Centre task force on mild traumatic brain injury. J Rehabil Med,2004,43(Suppl):113-125.

[66] Chen XP, Tao LY, Chen ACN. Electroencephalogram and evoked potential parameters examined in Chinese mild head injury patients for forensic medicine. Neurosci Bull,2006,22(3):165-170.

[67] Lachapelle J,Bolduc-Teasdale J,Ptito A,et al. Deficits in complex visual information processing after mild TBI: electrophysiological markers and vocational outcome prognosis. Brain Inj,2008,22(3):265-674.

[68] Brosseau-Lachaine O,Gagnon I,Forget R,et al. Mild traumatic brain injury induces prolonged visual processing deficits in children. Brain Inj,2008,22(9):657-668.

[69] Broglio SP,Pontifex MB,O'Connor P,et al. The persistent effects of concussion on neuroelectric indices of attention. J Neurotrauma,2009,26(9):1463-1470.

[70] Larson MJ,Clayson PE,Farrer TJ. Performance monitoring and cognitive control in individuals with mild traumatic brain injury. J Int Neuropsychol Soc,2012,18(2):323-333.

[71] Gosselin N,Bottari C,Chen JK,et al. Evaluating the cognitive consequences of mild traumatic brain injury and concussion by using electrophysiology. Neurosurg Focus,2012,33(6)E7:1-7.

[72] Mäki-Marttunen V1,Kuusinen V,Brause M,et al. Enhanced attention capture by emotional stimuli in mild traumatic brain injury. J Neurotrauma,2015,32(4):272-279.

[73] Veltmeyer MD, Clark CR, McFarlane AC, et al. Working memory function in post-traumatic stress disorder: an eventrelated potential study. Clin Neurophysiol, 2009, 120(6): 1096-1106.

[74] Smith D, Boutros NN, Schwarzkopf SB. Reliability of P50 auditory event related potential indices of SG. Psychophysiology, 1994, 31: 495-502.

[75] Fuerst DR, Gallinat J, Boutros NN. Range of SG values and test-retest reliability in normal subjects. Psychophysiology, 2007, 44: 620-626.

[76] Gjini K, Boutros NN, Haddad L, et al. Evoked potential correlates of post-traumatic stress disorder in refugees with history of exposure to torture. J Psychiatr Res, 2013, 47(10): 1492-1498.

[77] Boutros NN, Korzyukov O, Oliwa G, et al. Morphological and latency abnormalities of the mid-latency auditory evoked responses in schizophrenia: a preliminary report. Schizophr Res, 2004, 70(2-3): 303-313.

[78] Javanbakht A, Liberzon I, Amirsadri A, et al. Event-related potential studies of post-traumatic stress disorder: a critical review and synthesis. Biol Mood Anxiety Disord, 2011, 1(1): 5.

[79] Attias J, Bleich A, Gilat S. Classification of veterans with post-traumatic stress disorder using visual brain evoked P3s to traumatic stimuli. Br J Psychiatry, 1996, 168(1): 110-115.

[80] Mowszowski L, Hermens DF, Diamond K, et al. Reduced mismatch negativity in mild cognitive impairment: associations with neuropsychological performance. J Alzheimers Dis, 2012, 30(1): 209-219.

[81] Wei JH, Chan TC, Luo YJ. A modified oddball paradigm "cross-modal delayed response" and the research on mismatch negativity. Brain Res Bull, 2002, 57(2): 221-230.

[82] Näätänen R. The perception of speech sounds by the human brain as reflected by the mismatch negativity (MMN) and its magnetic equivalent (MMNm). Psychophysiology, 2001, 38(1): 1-21.

[83] Hermens DF, Ward PB, Hodge MA, et al. Impaired MMN/P3a complex in first-episode psychosis: cognitive and psychosocial associations. Prog Neuropsychopharmacol Biol Psychiatry, 2010, 34(6): 822-829.

[84] Yuh EL, Hawryluk GW, Manley GT. Imaging concussion: a review. Neurosurgery, 2014, 75(Suppl 4): S50-63.

[85] Narayana PA, Yu X, Hasan KM, et al. Multi-modal MRI of mild traumatic brain injury. Neuroimage Clin, 2014, 7: 87-97.

[86] Luo CL, Li BX, Li QQ, et al. Autophagy is involved in traumatic brain injury-induced cell death and contributes to functional outcome deficits in mice. Neuroscience, 2011, 184: 54-63.

[87] Mbye LH, Keles E, Tao L, et al. Kollidon VA64, a membrane-resealing agent, reduces histopathology and improves functional outcome after controlled cortical impact in mice. J Cereb Blood Flow Metab, 2012, 32(3): 515-524.

[88] Wang YQ, Wang L, Bao HJ, et al. Necrostatin-1 suppresses autophagy and apoptosis in mice traumatic brain injury model. Neurochem Res, 2012, 37(9): 1849-1858.

[89] 李春晓,张运阁,管国富,等. 颅脑损伤后昏迷与社会活动、生活功能的相关性探讨.中国司法鉴定,2013,5(5):37-39.

[90] 张运阁,李春晓,管国富,等. 颅脑损伤部位及程度与日常生活活动能力的相关性. 法医学杂志,2014,30(6):434-436.

[91] Huang YL, Kuo YS, Tseng YC, et al. Susceptibility-weighted MRI in mild traumatic brain injury. Neurology, 2015, 84(6): 580.

[92] 林金莲,吴光耀,秦天,等. 3.0T MRI 磁敏感加权成像对轻型脑损伤的评估. 放射学实践,2014,29(1):53-56.

[93] Lui YW, Xue Y, Kenul D, et al. Classification algorithms using multiple MRI features in mild traumatic brain injury. Neurology, 2014, 83(14): 1235-1240.

[94] Keightley ML, Saluja RS, Chen JK, et al. A functional magnetic resonance imaging study of working memory in youth after sports-related concussion: is it still working? J Neurotrauma, 2014, 31(5): 437-451.

[95] Yang Z, Yeo RA, Pena A, et al. An FMRI study of auditory orienting and inhibition of return in pediatric mild traumatic brain injury. J Neurotrauma, 2012, 29(12): 2124-2136.

[96] Mayer AR, Yang Z, Yeo RA, et al. A functional MRI study of multimodal selective attention following mild traumatic brain injury. Brain Imaging Behav, 2012, 6(2): 343-354.

[97] Mayer AR, Mannell MV, Ling J, et al. Functional connectivity in mild traumatic brain injury. Hum Brain Mapp, 2011, 32(11): 1825-1835.

[98] Kitayama N, Vaccarino V, Kutner M, et al. Magnetic resonance imaging (MRI) measurement of hippocampal volume in posttraumatic stress disorder: a meta-analysis. J Affect Disord, 2005, 88: 79-86.

[99] Wang Z, Neylan TC, Mueller SG, et al. Magnetic resonance imaging of hippocampal subfields in posttraumatic stress disorder. Arch Gen Psychiatry, 2010, 67: 296-303.

[100] Smith M E. Bilateral hippocampal volume reduction in adults with post-traumatic stress disorder: a metaanalysis of structural MRI studies. Hippocampus, 2005, 15: 798-807.

[101] Karl A, Schaefer M, Malta LS, et al. A meta-analysis of structural brain abnormalities in PTSD. Neurosci Biobehav Rev, 2006, 30: 1004-1031.

[102] Woon F L, Sood S, Hedges D W. Hippocampal volume deficits associated with exposure to psychological trauma and posttraumatic stress disorder in adults: a meta-analysis. Prog Neuropsychopharmacol Biol Psychiatry, 2010, 34: 1181-1188.

[103] Kitayama N, Quinn S, Bremner J D. Smaller volume of anterior cingulate cortex in abuse-

related posttraumatic stress disorder. J Affect Disord,2006,90:171-174.

[104] Sekiguchi A,Sugiura M,Taki Y,et al. Brain structural changes as vulnerability factors and acquired signs of post-earthquake stress. Mol Psychiatry,2013,18(5):618-623.

[105] Kim SJ,Jeong DU,Sim ME,et al. Asymmetrically altered integrity of cingulum bundle in-posttraumatic stress disorder. Neuropsychobiology,2006,54(2):120-125.

[106] Sekiguchi A,Sugiura M,Taki Y,et al. White matter microstructural changes as vulnerability factors and acquired signs of post-earthquake distress. PLoS One,2014,9(1):e83967.

[107] Pitman RK,Rasmusson AM,Koenen KC,et al. Biological studies of post-traumatic stress disorder. Nat Rev Neurosci,2012,13(11):769-787.

[108] Milad M R,Quirk G J. Fear extinction as a model for translational neuroscience:ten years of progress. Annu Rev Psychol,2012,63:129-151.

[109] Etkin A,Wager T D. Functional neuroimaging of anxiety:a meta-analysis of emotional processing in PTSD,social anxiety disorder,and specific phobia. Am J Psychiatry,2007,164:1476-1488.

[110] Rougemont-Bücking A1,Linnman C,Zeffiro TA,et al. Altered processing of contextual information during fear extinction in PTSD:an fMRI study. CNS Neurosci Ther,2011,17(4):227-236.

[111] Shin LM,Bush G,Milad MR,et al. Exaggerated activation of dorsal anterior cingulate cortex during cognitive interference:a monozygotic twin study of posttraumatic stress disorder. Am J Psychiatry,2011,168(9):979-985.

[112] Gold AL,Shin LM,Orr SP,et al. Decreased regional cerebral blood flow in medial prefrontal cortex during trauma-unrelated stressful imagery in Vietnam veterans with post-traumatic stress disorder.Psychol Med,2011,41(12):2563-2572.

[113] Xiong KL,Zhu YS,Zhang WG. Diffusion tensor imaging and magnetic resonance spectroscopy in traumatic brain injury:a review of recent literature. Brain Imaging Behav,2014,8(4):487-496.

[114] Luo CL,Chen XP,Li QQ,et al. Poloxamer 188 attenuates in vitro traumatic brain injury-induced mitochondrial and lysosomal membrane permeabilization damage in cultured primary neurons. J Neurotrauma,2013,30(7):597-607.

[115] Zhang M,Shan H,Chang P,et al. Hydrogen sulfide offers neuroprotection on traumatic brain injury in parallel with reduced apoptosis and autophagy in mice. PLoS One,2014,9(1):e87241.

[116] Luo CL,Li QQ,Chen XP,et al. Lipoxin A4 attenuates brain damage and downregulates the production of pro-inflammatory cytokines and phosphorylated mitogen-activated protein kinases in a mouse model of traumatic brain injury. Brain Res,2013,1502:1-10.

[117] Zetterberg H,Smith DH,Blennow K. Biomarkers of mild traumatic brain injury incerebro-

spinal fluid and blood. Nat Rev Neurol,2013,9(4):201-210.

[118] Feala JD,Abdulhameed MD,Yu C,et al. Systems biology approaches for discovering biomarkers for traumatic brain injury. J Neurotrauma,2013,30(13):1101-1116.

[119] Redell JB,Moore AN,Ward NH 3rd,et al. Human traumatic brain injury alters plasma microRNA levels. J Neurotrauma,2010,27(12):2147-2156.

[120] Cornelis M C,Nugent N R,Amstadter A B,et al. Genetics of post-traumatic stress disorder: review and recommendations for genomewide association studies. Curr Psychiatry Rep,2010,12:313-326.

[121] International Schizophrenia Consortium,Purcell SM,Wray NR,Stone JL,et al. Common polygenic variation contributes to risk of schizophrenia and bipolar disorder. Nature,2009,460(7256):748-752.

[122] Ressler KJ,Mercer KB,Bradley B,et al. Post-traumatic stress disorder is associated with PACAP and the PAC1 receptor. Nature,2011,470(7335):492-497.

[123] Segman RH,Shefi N,Goltser-Dubner T,et al. Peripheral blood mononuclear cell gene expression profiles identify emergent post-traumatic stress disorder among trauma survivors. Mol Psychiatry,2005,10(5):425,500-513.

[124] Uddin M,Aiello AE,Wildman DE,et al. Epigenetic and immune function profiles associated with posttraumatic stress disorder. Proc Natl Acad Sci U S A,2010,107(20):9470-9475.

[125] Koenen KC,Uddin M,Chang SC,et al. SLC6A4 methylation modifies the effect of the number of traumatic events on risk for posttraumatic stress disorder. Depress Anxiety,2011,28(8):639-647.

[126] Vukojevic V,Kolassa IT,Fastenrath M,et al. Epigenetic modification of the glucocorticoid receptor gene is linked to traumatic memory and post-traumatic stress disorder risk in genocide survivors. J Neurosci,2014,34(31):10274-10284.

[127] Kwapis JL,Wood MA. Epigenetic mechanisms in fear conditioning: implications for treating post-traumatic stress disorder. Trends Neurosci,2014,37(12):706-720.

[128] Balakathiresan NS,Chandran R,Bhomia M,et al. Serum and amygdala microRNA signatures of posttraumatic stress: fear correlation and biomarker potential. J Psychiatr Res,2014,57:65-73.

[129] Kou Z,Gattu R,Kobeissy F,et al. Combining biochemical and imaging markers to improve diagnosis and characterization of mild traumatic brain injury in the acute setting: results from a pilot study. PLoS One,2013,8(11):e80296.

陶陆阳 博士,教授,主任法医师,博士生导师。现任苏州大学医学部法医学系主任、学科带头人,全国高等学校法医学专业教材编审委员会委员、教育部高等学校法医学专业教学指导委员会委员,江苏省优势学科法医学专业负责人,苏州市司法鉴定公共科技服务平台负责人,《法医学杂志》、*Neuronal Regeneration Research*(SCI 收录)、*Research and Reports in Forensic Medical Science* 编委。

1989 年毕业于中国医科大学法医学院,毕业后在沈阳市公安局刑事警察支队从事刑事案件现场勘查工作十余年,参与各类刑事案件的现场调查数千起。获得省、市级科技进步奖各 1 项、市级科技创新奖一等奖 1 项。2003 年被引进苏州大学法医学系工作,2007 年被公派到哈佛大学医学院神经科学中心做访问学者并在脑外伤实验室做博士后研究,2008 年回国任苏州大学医学部法医学系主任至今。主持国家"863"项目子课题(课题组)1 项、国家自然科学基金重点项目 1 项、国家自然科学基金面上项目 4 项、省部级课题 3 项,在 *Stroke*、*JCBFM*、*J Neurotrauma*、*Neuroscience*、*J Forensic Sci*、*Forensic Sci Int* 等国内外著名期刊发表论文 80 余篇。参编国家级"十一五""十二五"规划教材 6 部,主持教改项目 3 项。

系统生物学和大数据视角下的
创伤后分子网络扰动

彭 谨

四川大学华西基础医学与法医学院

摘要:创伤的程度及其发生时间的判定是非常重要的法医学研究内容。随着科学技术的进步,包括各种高通量技术的发展,使得法医学研究中产生了海量的数据。因此,能够对这些数据的分布特征进行提取,并且从这些数据的分布特征、波动情况中挖掘出知识的技术已成为一种迫切的需要。本文从系统生物学中一个重要的分支——代谢组学出发,结合笔者的研究工作对新一代计算机模式识别技术在法医学中的应用进行综述。

关键词:法医学;代谢组;系统生物学;分子网络;深度学习;大数据;创伤

一、引言

深刻理解创伤的发生机制及其转归过程对及时判断创伤的预后以及制定精准的临床治疗方案至关重要。要理解这一复杂的过程,需要对组织损伤变化在时间和调控网络上进行系统分析,研究创伤组织伴随时间变化的复杂过程,获得关于创伤组织网络转归的详尽信息,从而找出与组织损伤转归相关的关键生物标记物。对于创伤或者死亡这一过程来说,本质上可以看成是代谢网络出现一种可逆或者不可逆的崩溃。用系统生物学的观点去认识这种崩溃,并且利用各种高通量的检测手段以及数据挖掘的思路去分析这种崩溃,很可能是下一代法医学技术的突破口。

二、什么是创伤

创伤是由于各种外界的物理因素对机体造成的一种巨大的损害。不管是生前的创伤,还是死后的各种尸体现象,从本质上说都是一种快速发生的巨大的伤害,造成机体内环境的扰动。无论是从基因组水平,还是从 mRNA、蛋白质以及代谢物的水平,都可以看到这种扰动。当外界的物理作用给机体带来一个巨大的冲击时，机体内部各种酶、代谢物以及基因的表达都会在一定的时间范围内出现巨大的改变。另外，在死后尸体腐败分解的过程中，多种因素也可以诱发尸体出现巨大的改变。因此，将不同层次的扰动放到数据出现变化的背景中时，可以发现整个创伤及其修复过程涉及的大量的生物化学过程本质上表现为这些反应所牵涉的“组学”数据的改变。而要理解这些过程，则需要利用合理的整合工具，来完成数据清洗—数据模式识别—知识发现—可视化—应用这一连续的过程（图1）。这样的一个整合工具也就是现在新的数学科学的处理技术。

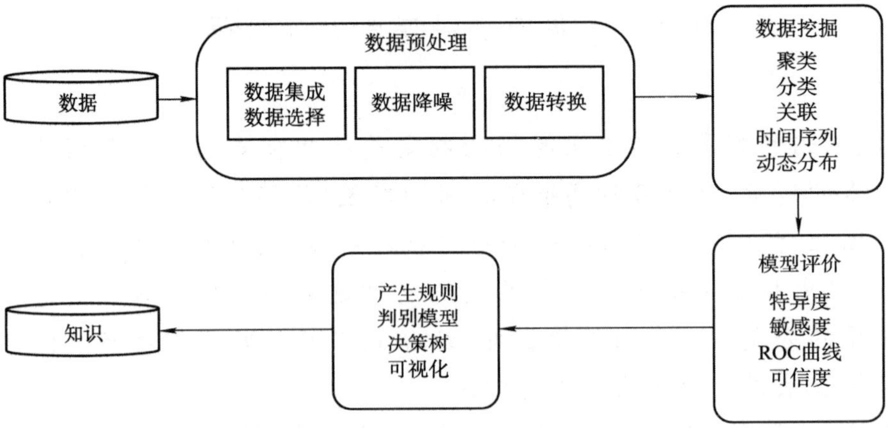

图1　数据挖掘的流程

理解和应对创伤面临一个重要的挑战，这个挑战来自创伤的复杂性——创伤一旦发生，几乎所有可检测的生物学指标都会发生变化。变化的指标和时间之间存在某种对应关系。这种对应关系使得存在这样一种可能：是否可以从中找出一两种物质，看看这些物质与损伤发生、死亡发生乃至死后经历的时间之间的关系；同时，能否利用数学工具建立这种时间与损伤状态的一一对应的关系。

必须指出，根据单一的生物化学指标和时间之间的关系建立起一一对应的关系较为困难。如图2所示，由于生化反应的复杂性，同样的浓度可能对应几个时间点。如果进一步考虑影响反应速度的各种外界环境因素，情况可能变得更加复杂。

三、筛选组织损伤转归中生物学标记的意义

深刻理解创伤的发生机制及其转归过程，对及时判断创伤的预后以及制定精准的临床治疗方案至关重要。要理解这一复杂的过程，需要对组织损伤变化的时序进行系统分析，研究创伤组织伴随时间变化的动力学模型，获得关于创伤组织系统转归的详尽信息，从而找出与组织损伤转归相关的关键生物标记物。

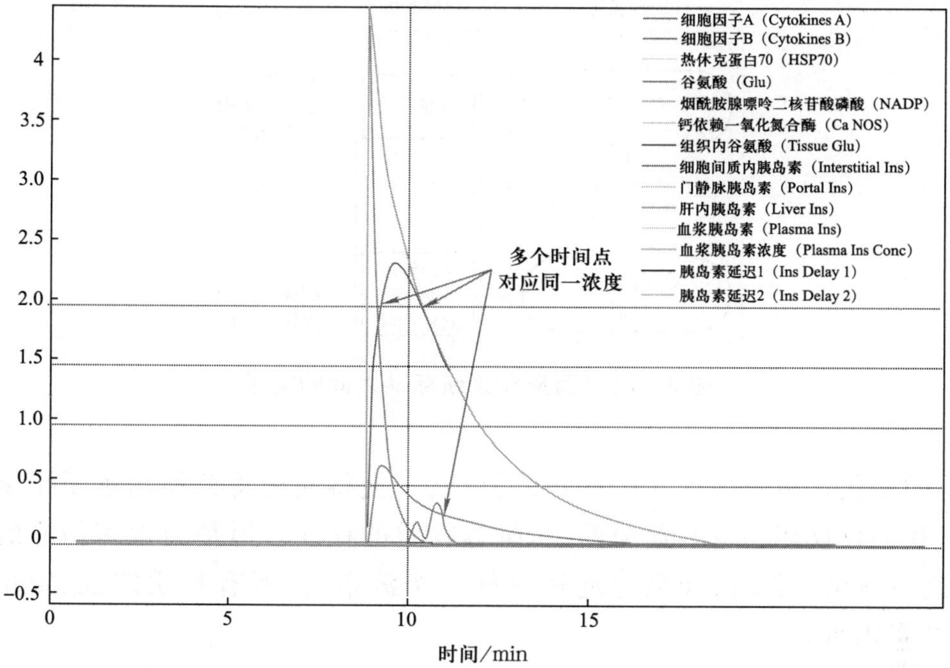

图 2　糖代谢过程中各种物质的浓度变化与时间的关系
(同一浓度可能对应多个时间点)

探讨这些标记物与组织损伤转归之间的时相关系具有重要的意义。

但是,要完成上述工作面临很大的挑战。因为经常会发现各种变量会随着时间的改变而发生变化,同时由于变量间相互影响因素太多,因此,单一地提取某一变量以求达到对时间进行回归非常困难。也就是说,很难找到一种普适性的生物学标记(biomarker)来对事件进行标定。另一方面,很多因素和时间又密切相关,这种相关性足以成为标定时间的一个风险因素(risk factor)。这种因素可以通过 OR 值表示出来。但是其特异度、敏感度都不能满足在法医学意义上的对死亡时间进行判定(图 3)。

因此,我们必须设法找到一条新的路径。这就是生前创伤的修复和修复过程中可能涉及的分子机制。

四、生前的神经损伤中的分子变化

我们通过人造的脊髓半横断来模拟中枢神经系统的损伤,并且通过打开锥板但是并不切伤脊髓、通过脊髓部分区域缺血建立一个轻度的脊髓损伤模型。通过这两种模型的对比来探究神经损伤这一生前损伤随时间变化的规律。

当把代谢组学的技术用于测定大鼠血浆中的特定物质时,可以看到很多物

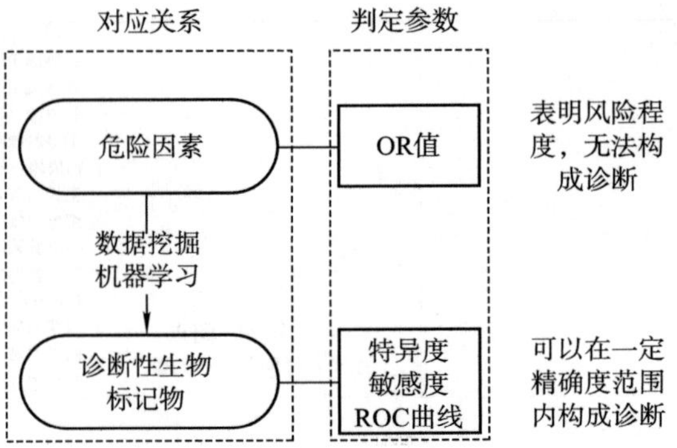

图 3　风险因素和诊断标准之间的关系

质波动的变化。由于核磁共振解析的复杂性,使得完全将共振谱解析出来相对困难。我们仅仅能知道有葡萄糖、肌酐等物质的存在。但是当很多物质的 1H-NMR 波叠加在一起时,如果想通过这样一个波谱,把所有物质定性、定量地分开,则非常困难。

另一方面,当我们将上述核磁共振波谱叠加起来时,又可以发现,不同临床结局的波谱,在外观和轮廓上有所不同。如死亡,又比如重伤、轻伤这些临床结局。对复杂波谱进行识别、信息提取,可以采用计算机科学里的模式识别技术,例如利用主成分分析法(principal component analysis,PCA)来提取这些波动的特征性值。图 4 所示是主成分分析法所获得的得分图。主成分分析表明随着时间的推移,受伤之前老鼠各不相同,但在受伤之后所有损伤的样本全部聚到了一起。也就是说,按主成分分析的思路,那些数值变化最大的波峰对主成分的贡献最大。也就是说没有受伤的老鼠千奇百怪,而受伤的老鼠具有共同的特征。这

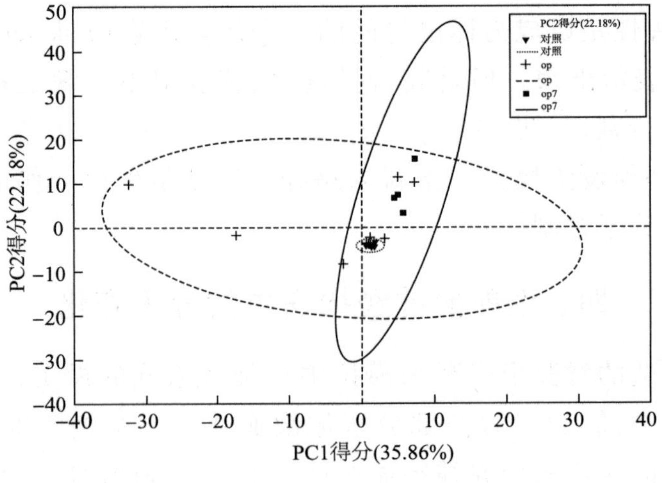

图 4　代谢物的 1H-NMR 波谱的主成分分析

一方面提示我们随着受伤后应激的出现，大鼠可以出现某种重要的共同特征；另一方面可以看出，这种共同特征并不足以区别老鼠是否受伤。从该图可以看出，如果某个样本点出现在图中的外围部分，可以判断这只老鼠并未受伤；但是如果出现在图中的聚集部分，则很难说这只老鼠一定受伤了。

此时，就应采用另外一种更强的有监督学习的方法来处理这个问题：利用偏最小二乘法来判断大鼠的受伤情况。根据偏最小二乘法原理，构建两个矩阵：第一个矩阵用 1 代表轻伤，2 代表中等程度受伤，3 代表重伤。矩阵的每一行代表一个样本。第二个矩阵是 1H-NMR 波谱解析出来的矩阵，即每个样本一行，每列表示特定化学位移端的波谱的数值。如果把这两个矩阵进行一个相关性分析，会得到一个比较有趣的结果——所有的轻伤、中等程度损伤以及重伤的样本被分开了。正如图 5 所示的数据表：每一行代表样本 1、样本 2、样本 3；每一列是波谱的一些形态的参数，参数 1、参数 2、参数 3。通过这些参数，可以将动物的血浆代谢物波谱与动物的临床状况之间建立起关联，这种联系的建立可以通过线性的方法，也可以通过深度学习（deeplearning）、人工神经网络这类的技术来进行判别。总之，就是将波谱数据与临床状态之间建立起判别函数。

从分析的结果可以看出，损伤前、损伤后 3 天、损伤后 7 天，血浆波谱的状态是存在区别的。这个区别可以被偏最小二乘法识别出来，这种识别最终可以提供一系列潜在的能够区分损伤时间的代谢物。

五、代谢组学的扩展，从代谢物变化到代谢网络扰动

为了标定出每一段波谱在这种区分中的重要性，我们又做了一个 VIP 值的映射，可以得到一个能初步计算出受伤严重程度的指标和一个线性方程组。利用人类代谢组（human metabolome database，HMDB）数据库，可以在一定的概率上解析出这些物质。

利用 HMDB 数据库可以找出这些代谢物的名称、催化这些代谢物的酶，以及这些酶背后所代表的基因。换句话说，之所以那些波谱构成了这样的区别，很重要的一个原因是有一系列的基因发生了变化。而另外一个著名的分子网络分析数据库 KEGG（Kyoto encyclopedia of genes and genomes）则可以对这种变化加以可视化的分析。KEGG 是日本京都大学生物信息中心维护的开放的生物通路数据库，以新陈代谢通路为主。它可以把代谢组学分析中 HMDB 上调和下调的分子直接投射到一个人工绘制的可视化网络里。在 KEGG 的代谢通路图中，每个酶可以表示为两个点之间的一条线，而两个点代表代谢物，两个点之间的线就是催化代谢物 A 变成代谢物 B 的酶，将代谢组学分析中获得的酶类投射进去之后我们就会发现，能区别轻伤、重伤的那些代谢物的通路是有限的。共有 10 个

代谢通路受到了扰动(图 6)。由此我们可以得到一个关于脊髓损伤的新的认知视角。什么叫脊髓损伤?除外教科书上的种种描述之外,我们可以认为,脊髓损伤是图上所示的一种代谢网络的扰动。

样本 1	样本 2	样本 3	…	样本 *n*
x1				
x2				
…				
x*n*				

	样本 1	样本 2	样本 3	…	样本 *n*
重伤	1	0	0		1
轻伤	0	0	0		0
对照	0	1	1		0

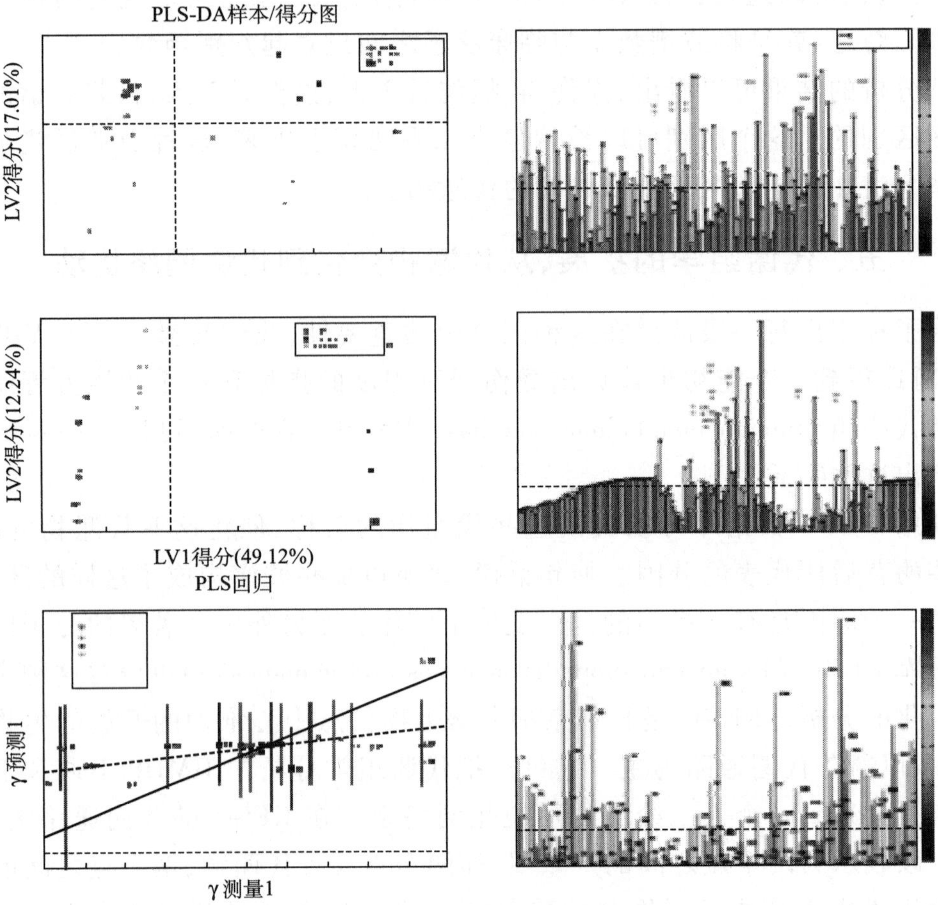

图 5　偏最小二乘法相关矩阵构建及模式识别过程

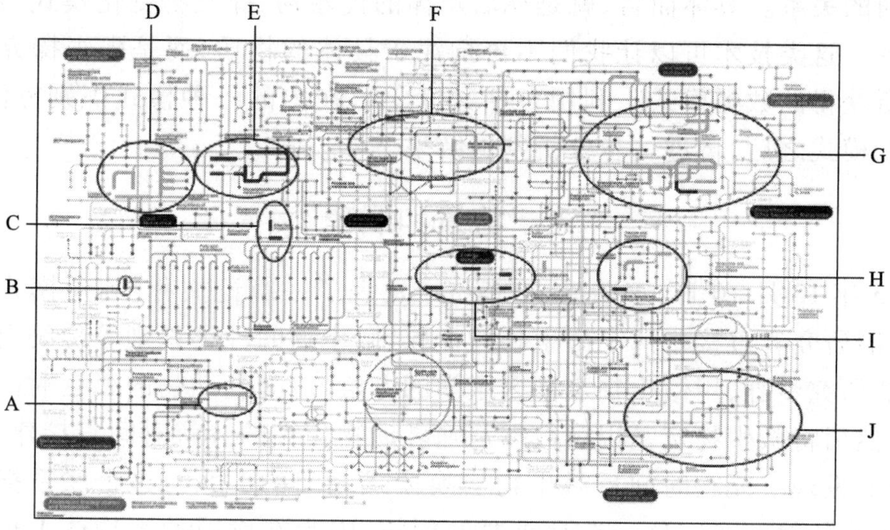

图 6　10 个代谢通路受到了扰动

上述的研究也为法医学的伤情鉴定提供了一个新的视角。就是从波谱和波谱的体系入手,暂不解析波谱,直接从波谱的外形轮廓入手来推测整个代谢网络的扰动。

六、复杂现象的模式判别

一直以来利用死后尸体发生的变化来确定死亡时间,是法医死亡学研究的核心问题之一。传统的方法是通过一系列死后现象来确定死亡的时间。这些现象往往是定性的、非标准化的过程。要将非标准化的过程转变成定量的标准化的过程,类似复杂现象的判别,关键是建立一套能够基于多个变量的判别函数。这种函数能够将不同的复杂数据组成的复杂模式与需要认知的生理病理状态联系起来。

最近 5 年,计算机科学的高速发展使得存在这样的趋势:直接用模式判别对原始数据进行区分,去掉中间的分析过程。例如:在对声波进行处理进行语言识别的时候,5 年以前很多研究者采用的技术路线是将声波转化成文字,然后再用文本分析的思路来理解文字。但最近 5 年,研究思路逐渐发生变化。由于每个人说话的口音、声调、语速都不一样,将声音转化为文字,再将文字转化为意义,在这个过程中信息损失会变大。因此,现在的技术更倾向于分析声波波形与所描述的概念之间直接的对应关系。这种对应关系是基于"功能意念"而不是基于文字。将类似的研究思路直接运用到法医学波谱相关的研究上,很可能就是略过具体物质定性,而直接分析通过分析化学所得到的波形与我们想要考察的目标之间的关系。具体而言,就是死后尸体的代谢物、挥发物变化模式与时间的对应关系。这类技术可以让我们不再拘泥于具体的物质,而是先去探究分析化学技术所获得的数据模式。利用包括深度学习在内的各种模式识别方法,提取各种数据模式之后,再进一步分析判别结果。

七、前景和展望

2015 年 12 月 10 日,著名杂志 *Science* 发表了一篇论文称,利用模式识别的方法,美国研究者直接略掉了微生物的提取、微生物的种类识别等传统上认为非常重要的研究步骤,用微生物宏基因组学的方法,对哺乳动物的死亡时间进行整体识别,然后将微生物宏基因组数据与哺乳动物死亡的分解时间直接建立联系。最后,他们发现了死亡时间后微生物切换模式之间的关系。这个联系把微生物的具体种类给绕开了。这一点是重要的创新,因为在腐败的生物体上也许有新的微生物并不能通过常规的分离培养方法鉴定出来。但是利用宏基因组学技术进行分析之后,就可以与死亡时间建立直接的联系,并能得到很好的结果。因此,该论文被 *Science* 特别报道。

最后介绍我们后续的两个研究路径:波谱的解析完成之后,促成波谱连续变化的原因必须要考虑。因此,可以考虑利用动力学模型来逐步探索代谢物表达网络的扰动模式。将这种网络扰动模式与死亡时间建立对应的关系,很有可能会揭示更多的信息。另一方面,如果能够抽提出数量有限的 8 种或 10 种代谢物来对时间进行连续区分,就可以考虑建构一些特定的能够感受这些代谢物的传感器阵列,如电子鼻等解决方案。这些传感器阵列再加上嵌入式系统越来越强大的计算分析功能,可能会为法医现场勘查提供革命性的产品。例如在犯罪现场,通过直接的多通道的仪器采集气味,把这种气味上传到云端,在云端进行复杂的模式识别,最后再把结果反馈到手机,这样,有可能为未来的法医学的现场勘测鉴定带来一场革命。

八、结语

通过高通量分析化学技术手段的检测,结合大数据时代新出现的一些更复杂的模式判别技术,传统的统计学正在迈入脱离了 P 值的新阶段。面向用户为特征的,以敏感度、特异度、ROC 曲线为代表的一些判别成果,很可能为未来的法医学研究和法医实践活动带来一场革命。

非常感谢导师丛斌院士、四川大学侯一平院长对我的指导。

彭　谨　四川大学华西基础医学与法医学院副教授，2013—2014 年在美国加州大学旧金山分校和美国南卡罗来纳州立大学数学系做访问学者。

主要从事系统生物学和计算生物学研究。共发表论文 20 篇，其中以第一作者发表 SCI 论文 3 篇，影响因子共计 11.32，发表 EI 论文 2 篇。总引用数量 24 次，H 因子 4。

后　　记

科学技术是第一生产力。纵观历史，人类文明的每一次进步都是由重大科学发现和技术革命所引领和支撑的。进入21世纪，科学技术日益成为经济社会发展的主要驱动力。我们国家的发展必须以科学发展为主题，以加快转变经济发展方式为主线。而实现科学发展、加快转变经济发展方式，最根本的是要依靠科技的力量，最关键的是要大幅提高自主创新能力。党的十八大报告特别强调，科技创新是提高社会生产力和综合国力的重要支撑，必须摆在国家发展全局的核心位置，提出了实施“创新驱动发展战略”。

面对未来发展之重任，中国工程院将进一步加强国家工程科技思想库的建设，充分发挥院士和优秀专家的集体智慧，以前瞻性、战略性、宏观性思维开展学术交流与研讨，为国家战略决策提供科学思想和系统方案，以科学咨询支持科学决策，以科学决策引领科学发展。

中国工程院历来重视对前沿热点问题的研究及其与工程实践应用的结合。自2000年元月，中国工程院创办了中国工程科技论坛，旨在搭建学术性交流平台，组织院士专家就工程科技领域的热点、难点、重点问题聚而论道。十多年来，中国工程科技论坛以灵活多样的组织形式、和谐宽松的学术氛围，打造了一个百花齐放、百家争鸣的学术交流平台，在活跃学术思想、引领学科发展、服务科学决策等方面发挥着积极作用。

中国工程科技论坛已成为中国工程院乃至中国工程科技界的品牌学术活动。中国工程院学术与出版委员会将论坛有关报告汇编成书陆续出版，愿以此为实现美丽中国的永续发展贡献出自己的力量。

中国工程院

郑重声明